Couvertures supérieure et inférieure manquantes

# LE DROIT A LA PARESSE

BIBLIOTHÈQUE POPULAIRE
à 25 centimes le volume

# LE DROIT

A LA

# PARESSE

RÉFUTATION

*Du Droit au Travail de 1848*

PAR

Paul LAFARGUE

BRUXELLES
11, RUE DU PERSIL, 11

M. Thiers, dans le sein de la commission sur l'instruction primaire de 1849, disait : « Je veux rendre toute puissante l'influence du clergé, parce que je compte sur lui pour propager cette bonne philosophie qui apprend à l'homme qu'il est ici pour souffrir et non cette autre philosophie qui dit au contraire à l'homme : jouis. »— M. Thiers formulait la morale de la classe bourgeoise, dont il incarna l'égoïsme féroce et l'intelligence étroite.

La bourgeoisie, alors qu'elle luttait contre la noblesse soutenue par le clergé, arbora le libre-examen et l'athéisme; mais, triomphante, elle changea de ton et d'allure; et aujourd'hui elle entend étayer de la religion sa suprématie économique e politique. Aux xv$^e$ et xvi$^e$ siècles, elle avait allégrement repris la tradition païenne et glorifiait la chair et ses passions, réprouvées par le christianisme ; de nos jours, gorgée de biens et de jouissances, elle renie les enseignements de ses penseurs, les Rabelais, les Diderot, et prêche l'abstinence aux salariés. La morale capitaliste, piteuse parodie de la morale chrétienne, frappe d'anathème la chair du travailleur; elle prend pour idéal de réduire le producteur au plus petit minimum de besoins, de supprimer ses joies et ses passions, de le condamner au rôle de machine délivrant du travail sans trêve, ni merci.

Les socialistes révolutionnaires ont à recommencer le combat qu'ont combattu les philosophes et les pamphlétaires de la bourgeoisie; ils ont à monter à l'assaut de la morale et des théories sociales du Capitalisme; ils ont à démolir dans les têtes de la classe, appelée à l'action, les préjugés semés par la classe régnante; ils ont à proclamer, à la face des cafards de toutes les morales, que la terre cessera d'être la vallée de larmes du travailleur; que dans la société communiste de l'avenir, que nous fonderons « pacifiquement si possible, sinon violemment », les passions des hommes auront la bride sur le cou, car « toutes sont bonnes de leur nature, nous n'avons rien à éviter que leur mauvais usage et leur excès » (1), et ils ne seront évités que par le contre-balancement mutuel des passions, que par le développement harmonique humain, car, dit le Dr Beddoe «ce n'est que lorsqu'une race atteint son maximum de développement physique qu'elle atteint son plus haut point d'énergie et de vigueur morale » (2). — Telle

(1) Descartes. *Les passions de l'âme.* Art. 211.

(2) Docteur Beddoe. *Memoirs of the anthropological Society.*

était aussi l'opinion du grand naturaliste, Charles Darwin (1).

*
* *

La réfutation du *droit au travail* que je réédite, avec quelques notes additionnelles, parut dans l'*Égalité* hebdomadaire de 1880, deuxième série.

P. L.

*Sainte Pélagie, 1883.*

(1) Ch. Darwin. *Descent of man.*

# Le Droit à la Paresse.

## *Réfutation du « Droit au Travail » de* 1848.

*Paressons en toutes choses, hormis en aimant et en buvant, hormis en paressant.*

LESSING.

---

### I

### Un Dogme désastreux.

**Une étrange** folie possède les classes ouvrières **des nations** où règne la civilisation capitaliste. Cette **folie traîne** à sa suite les misères individuelles et **sociales qui**, depuis deux siècles, torturent la triste **humanité**. Cette folie est l'amour du travail, la **passion furibonde** du travail, poussée jusqu'à l'épuisement des forces vitales de l'individu et de sa progéniture. Au lieu de réagir contre cette aberration mentale, les prêtres, les économistes, les moralistes, ont sacro-sanctifié le travail. Hommes aveugles et bornés, ils ont voulu être plus sages que leur Dieu; hommes faibles et méprisables, ils ont voulu réhabiliter ce que leur Dieu avait maudit. Moi, qui ne professe d'être chrétien, économe et moral, j'en appelle de leur jugement à celui de leur Dieu; des prédications de leur morale religieuse, économique, libre-penseuse, aux épouvantables conséquences du travail dans la société capitaliste.

Dans la société capitaliste, le travail est la cause de toute dégénérescence intellectuelle, de toute déformation organique. Comparez le pur sang des écuries de Rothschild, servi par une valetaille de bimanes, à la lourde brute des fermes normandes qui laboure la terre, charriote le fumier, engrange la moisson. Regardez le noble sauvage que les missionnaires du commerce et les commerçants de la religion n'ont pas encore corrompu avec le christianisme, la syphilis et le dogme du travail, et regardez ensuite nos misérables servants de machine (1).

(1) Les explorateurs européens s'arrêtent étonnés devant la beauté physique et la fière allure des hommes des peuplades primitives, non souillés par ce que Pœppig appelait le « souffle empoisonné de la civilisation ». Parlant des Aborigènes des îles océaniennes, lord George Campbell écrit : « Il n'y a pas de peuple au monde qui frappe davantage au premier abord. Leur peau unie et d'une teinte légèrement cuivrée, leurs cheveux dorés et bouclés, leur

Quand. dans notre Europe civilisée, on veut retrouver une trace de la beauté native de l'homme, il faut l'aller chercher chez les nations où les préjugés économiques n'ont pas encore déraciné la

belle et joyeuse figure, en un mot, toute leur personne formaient un nouvel et splendide échantillon du *genus homo ;* leur apparence physique donnait l'impression d'une race supérieure à la nôtre. » Les civilisés de l'ancienne Rome, les César, les Tacite, contemplaient avec la même admiration les Germains des tribus communistes qui envahissaient l'empire romain. — Ainsi que Tacite, Salvien, le prêtre du v^e^ siècle, qu'on surnomma le *maître des évêques*, donnait les barbares en exemple aux civilisés et aux chrétiens : « Nous sommes impudiques au milieu des barbares, plus chastes que nous. Bien plus, les barbares sont blessés de nos impudicités. Les Goths ne souffrent pas qu'il y ait parmi eux des débauchés de leur nation ; seuls au milieu d'eux, par le triste privilège de leur nationalité et de leur nom, les Romains ont le droit d'être impurs. (Le pédérastie était alors en grande mode parmi les païens et les chrétiens)... Les opprimés s'en vont chez les barbares chercher de l'humanité et un abri. » — ( *De Gubernatione Dei*). La vieille civilisation et le christianisme naissant corrompirent les barbares du vieux monde ; comme le christianisme vieilli et la moderne civilisation capitaliste corrompent les sauvages du nouveau monde.

M. F. Le Play, dont on doit reconnaître le talent d'observation, alors même que l'on rejette ses conclusions haine du travail. L'Espagne qui, hélas! dégénère, peut encore se vanter de posséder moins de fabriques que nous de prisons et de casernes; mais l'artiste se réjouit en admirant le hardi Andaloux, brun comme des castagnes, droit et flexible comme une tige d'acier; et le cœur de l'homme tressaille en entendant le mendiant, superbement drapé dans sa *capa* trouée, traiter d'*amigo* des ducs d'Ossuna. Pour l'Espagnol, chez qui l'animal primitif n'est pas atrophié, le travail est le pire des esclavages (1). Les Grecs de la grande époque

sociologiques entachées de prudhomisme philantropique et chrétien, dit dans son livre *les Ouvriers européens* (1885) : « La propension des bachkirs pour la paresse (les bachkirs sont des pasteurs semi nomades du versant asiatique de l'Oural) ; les loisirs de la vie nomade, les habitudes de méditation qu'elles font naître chez les individus les mieux doués communiquent souvent à ceux-ci une distinction de manières, une finesse d'intelligence et de jugement qui se remarque rarement au même niveau social dans une civilisation plus développée... Ce qui les répugne le plus, ce sont les travaux agricoles ; ils font tout plutôt que d'accepter le métier d'agriculteur. » L'agriculture est, en effet, la première manifestation du travail servile dans l'humanité. Selon la tradition biblique, le premier criminel, Caïn, est un agriculteur.

(1) Le proverbe espagnol dit : *Descanzar es salud* (se reposer est santé).

n'avaient, eux aussi, que mépris pour le travail; aux esclaves seuls il était permis de travailler : l'homme libre ne connaissait que les exercices corporels et les jeux de l'intelligence. C'était aussi le temps où l'on marchait et respirait dans un peuple d'Aristote, de Phidias, d'Aristophane; c'était le temps où une poignée de braves écrasait à Marathon les hordes de l'Asie qu'Alexandre allait bientôt conquérir. Les philosophes de l'antiquité enseignaient le mépris du travail, cette dégradation de l'homme libre; les poètes chantaient la paresse, ce présent des Dieux :

*O Melibœe Deus, nobis hæc otia fecit* (1).

Christ, dans son discours sur la montagne, prêcha la paresse : « Contemplez la croissance des lis des champs, ils ne travaillent ni ne filent, et cependant, je vous le dis, Salomon, dans toute sa gloire, n'a pas été plus brillamment vêtu (2). » Jehovah, le dieu barbu et rébarbatif, donna à ses adorateurs le suprême exemple de la paresse idéale; après six jours de travail, il se repose pour l'éternité.

Par contre, quelles sont les races pour qui le travail est une nécessité organique? les Auvergnats;

(1) O Mélibé, un Dieu nous a donné cette oisiveté. VIRGILE, *Bucoliques*. (Voir apendice.)

(2) Evangile selon saint Mathieu, chap. VI.

les Écossais, ces Auvergnats des îles britanniques ; les Gallegos, ces Auvergnats de l'Espagne ; les Poméraniens, ces Auvergnats de l'Allemagne ; les Chinois, ces Auvergnats de l'Asie. Dans notre société, quelles sont les classes qui aiment le travail pour le travail ? Les paysans propriétaires, les petits bourgeois, les uns courbés sur leurs terres, les autres acoquinés dans leurs boutiques, se remuent comme la taupe dans sa galerie souterraine, et jamais ne se redressent pour regarder à loisir la nature.

Et cependant, le prolétariat, la grande classe qui embrasse tous les producteurs des nations civilisées, la classe qui, en s'émancipant, émancipera l'humanité du travail servile et fera de l'animal humain un être libre, le prolétariat, trahissant ses instincts, méconnaissant sa mission historique, s'est laissé pervertir par le dogme du travail. Rude et terrible a été son châtiment. Toutes les misères individuelles et sociales sont nées de sa passion pour le travail.

## II

### Bénédictions du travail.

En 1770, parut à Londres, un écrit anonyme intitulé : *An Essay on trade and commerce.* Il fit à l'époque un certain bruit. Son auteur, grand philanthrope, s'indignait de ce que « la plèbe manufacturière d'Angleterre s'était mise dans la tête l'idée fixe qu'en qualité d'Anglais, tous les individus qui la composent, ont, par droit de naissance, le privilège d'être plus libres et plus indépendants que les ouvriers de n'importe quel autre pays de l'Europe. Cette idée peut avoir son utilité pour les soldats dont elle stimule la bravoure ; mais moins les ouvriers des manufactures en sont imbus, mieux cela vaut pour eux-mêmes et pour l'État. Des ouvriers ne devraient jamais se tenir pour indépendants de leurs supérieurs. Il est extrêmement dangereux d'encourager de pareils engouements dans un Etat commercial comme le nôtre, ou peut-être les sept huitièmes de la population n'ont que peu ou pas de propriété. La cure ne sera pas complète tant que nos pauvres de l'industrie ne se résigneront pas à travailler six jours pour la même somme qu'ils gagnent maintenant en quatre ». — Ainsi, près d'un siècle avant Guizot, on prêchait ouvertement à Londres le travail comme un frein aux nobles passions de l'homme. « Plus mes peuples travailleront, moins il y aura des vices, écrivait d'Osterode, le 5 mai 1807, Napoléon. Je suis l'autorité... et je serais disposé à ordonner que le dimanche, passé l'heure des offices, les boutiques fussent ouvertes et les ouvriers rendus à leur travail. » Pour extirper la paresse et courber les sentiments de fierté et d'indépendance qu'elle engendre, l'auteur de l'*Essay on trade* proposait d'incarcérer les pauvres dans des maisons idéales de travail (*ideal workhouses*) qui deviendraient « des maisons de terreur où l'on ferait travailler 14 heures par jour, de telle sorte que, le temps des repas soustrait, il resterait douze heures de travail pleines et entières. »

Douze heures de travail par jour, voilà l'idéal des philanthropes et des moralistes du dix-huitième siècle. Que nous avons dépassé ce *nec plus ultra!* Les ateliers modernes sont devenus des maisons idéales de correction, où l'on incarcère les masses ouvrières, où l'on condamne au travail forcé pendant 12 et 14 heures, non seulement les hommes, mais les femmes et les enfants (1) ! Et dire que les fils des héros de la Terreur se sont laissés dégrader par la religion du travail au point d'accepter, après 1848, comme une conquête révolutionnaire, la loi qui limitait à douze heures le travail dans les fabriques ; ils proclamaient, comme un principe révolutionnaire, le *Droit au travail.* Honte au prolétariat français ! Des esclaves seuls eussent été capables d'une telle bassesse. Il faudrait vingt ans de civilisation capitaliste à un Grec des temps héroïques pour concevoir un tel avilissement.

Et si les douleurs du travail forcé, si les tortures de la faim se sont abattues sur le prolétariat, plus

(1) Au premier Congrès de bienfaisance tenu à Bruxelles, en 1857, un des plus riches manufacturiers de Marquette, près de Lille, M. Scrive, aux applaudissements des membres du Congrès, racontait, avec la noble satisfaction d'un devoir accompli : « Nous avons introduit quelques moyens de distraction pour les enfants. Nous leur apprenons à chanter pendant le travail, à compter également en travaillant ; cela les distrait et les fait accepter avec courage *ces douze heures de travail qui sont nécessaires pour leur procurer des moyens d'existence.* » — Douze heures de travail, et quel travail ! imposées à des enfants qui n'ont pas douze ans ! — Les matérialistes regretteront toujours qu'il n'y ait pas un enfer pour y clouer ces chrétiens, ces philanthropes, bourreaux de l'enfance !

nombreuses que les sauterelles de la Bible, c'est lui qui les a appelées.

Ce travail, qu'en juin 1848 les ouvriers réclamaient les armes à la main, ils l'ont imposé à leurs familles; ils ont livré, aux barons de l'industrie, leurs femmes et leurs enfants. De leurs propres mains, ils ont démoli leur foyer domestique, de leurs propres mains, ils ont tari le lait de leurs femmes : les malheureuses, enceintes et allaitant leurs bébés, ont dû aller dans les mines et les manufactures tendre l'échine et épuiser leurs nerfs; de leurs propres mains, ils ont brisé la vie et la vigueur de leurs enfants. — Honte aux prolétaires! Où sont ces commères dont parlent nos fabliaux et nos vieux contes, hardies aux propos, franches de la gueule, amantes de la dive bouteille? Où sont ces luronnes, toujours trottant, toujours cuisinant, toujours chantant, toujours semant la vie, en engendrant la joie, enfantant sans douleurs des petits sains et vigoureux?... Nous avons aujourd'hui les filles et les femmes de fabrique, chétives fleurs aux pâles couleurs, au sang sans rutilance, à l'estomac délabré, aux membres alanguis!... Elles n'ont jamais connu le plaisir robuste et ne sauraient raconter gaillardement comment l'on cassa leur coquille! — Et les enfants? Douze heures de travail aux enfants! O misère! — Mais tous les Jules Simon de l'Académie des sciences morales et politiques, tous les Germinys de la jésuiterie, n'auraient pu inventer un vice plus abrutissant pour l'intelligence des enfants, plus corrupteur de leurs instincts, plus destructeur de leur organisme, que le travail dans l'atmosphère viciée de l'atelier capitaliste.

Notre époque est, dit-on, le siècle du travail; il est, en effet, le siècle de la douleur, de la misère et de la corruption.

Et cependant, les philosophes, les économistes bourgeois, depuis le péniblement confus Auguste Comte, jusqu'au ridiculement clair Leroy-Beaulieu; les gens de lettres bourgeois, depuis le charlatanesquement romatique Victor Hugo, jusqu'au naïvement grotesque Paul de Kock, tous ont entonné des chants nauséabonds en l'honneur du dieu Progrès, le fils aîné du Travail. A les entendre, le bonheur allait régner sur la terre: déjà on en sentait la venue. Ils allaient dans les siècles passés fouiller la poussière et les misères féodales pour rapporter de sombres repoussoirs aux délices des temps présents. — Nous ont-ils fatigués, ces repus, ces satisfaits, naguère encore membres de la domesticité des grands seigneurs, aujourd'hui valets de plume de la bourgeoisie, grassement rentés; nous ont-ils fatigués avec le paysan du rhétoricien La Bruyère? Eh bien! voici le brillant tableau des jouissances prolétаriennes en l'an de Progrès capitaliste 1840, peint par un des leurs, par le Dr Villermé, membre de l'Institut, le même qui, en 1848, fit partie de cette société de savants (Thiers, Cousin, Passy, Blanqui, l'académicien, en étaient), qui propagea dans les masses les sottises de l'économie et de la morale bourgeoises.

C'est de l'Alsace manufacturière que parle le Dr Villermé, de l'Alsace des Kestner, des Dollfus, ces fleurs de la philanthropie et du républicanisme industriels. — Mais avant que le docteur ne dresse devant nous le tableau des misères prolétariennes, écoutons un manufacturier alsacien, M. Th. Mieg, de la maison Dollfus, Mieg et Ce, dépeignant la situation de l'artisan de l'ancienne industrie : « A Mulhouse, il y a cinquante ans (en 1813, alors que la moderne industrie mécanique naissait), les ouvriers étaient tous enfants du sol, habitant la ville et les villages environnants et possédant presque tous une maison et souvent un petit champ (1). » C'était l'âge d'or du travailleur. — Mais alors, l'industrie alsacienne n'inondait pas le monde de ses cotonnades et n'emmillionnait pas ses Dollfus et ses Kœchlin. Mais,

(1) *Discours* prononcé à la *Société internationale d'études pratiques d'économie sociale de Paris*, en mai 1863, et publié dans l'*Économiste français* de la même époque.

vingt-cinq ans après, quand Villermé visita l'Alsace, le minotaure moderne, l'atelier capitaliste, avait conquis le pays ; dans sa boulimie de travail humain, il avait arraché les ouvriers de leurs foyers pour mieux les tordre et pour mieux exprimer le travail qu'ils contenaient. C'étaient par milliers que les ouvriers accouraient au sifflement de la machine. « Un grand nombre, dit Villermé, cinq mille sur dix-sept mille, étaient contraints, par la cherté des loyers, à se loger dans les villages voisins. Quelques-uns habitaient à deux lieues et même deux lieues et quart de la manufacture où ils travaillaient.

» A Mulhouse, à Dornach, le travail commençait à cinq heures du matin et finissait à huit heures du soir, été comme hiver... Il faut les voir arriver chaque matin en ville et partir chaque soir. Il y a parmi eux une multitude de femmes pâles, maigres, marchant pieds nus au milieu de la boue et qui, à défaut de parapluies, portent renversés sur la tête, lorsqu'il pleut ou qu'il neige, leurs tabliers ou jupons de dessus pour se préserver la figure et le cou, et un nombre plus considérable de jeunes enfants non moins sales, non moins hâves, couverts de haillons, tout gras de l'huile des métiers qui tombe sur eux pendant qu'ils travaillent. Ces derniers, mieux préservés de la pluie par l'imperméabilité de leurs vêtements, n'ont même pas au bras, comme les femmes dont on vient de parler, un panier où sont les provisions de la journée; mais ils portent à la main ou cachent sous leurs vestes ou comme ils peuvent, le morceau de pain qui doit les nourrir jusqu'à l'heure de leur rentrée à la maison.

» Ainsi, à la fatigue d'une journée démesurément longue, puisqu'elle a au moins quinze heures, vient se joindre pour ces malheureux celle des allées et des venues si fréquentes, si pénibles. Il résulte que le soir ils arrivent chez eux accablés par le besoin de dormir, et que le lendemain ils en sortent avant d'être complètement reposés pour se trouver à l'atelier à l'heure de l'ouverture. »

Voici maintenant les bouges où s'entassaient ceux qui logeaient en ville : « J'ai vu à Mulhouse, à Dornach et dans des maisons voisines, de ces misérables logements où deux familles couchaient chacune dans un coin, sur la paille jetée sur le carreau et retenue par deux planches... Cette misère dans laquelle vivent les ouvriers de l'industrie du coton dans le département du Haut-Rhin est si profonde, qu'elle produit ce triste résultat que, tandis que dans les familles des fabricants, négociants, drapiers, directeurs d'usines, la moitié des enfants atteint la vingt et unième année, cette même moitié cesse d'exister avant deux ans accomplis dans les familles de tisserands et d'ouvriers des filatures de coton... »

Parlant du travail de l'atelier. Villermé ajoute « Ce n'est pas là un travail, une tâche, c'est une torture, et on l'inflige à des enfants de six à huit ans... C'est ce long supplice de tous les jours qui mine principalemeut les ouvriers dans les filatures de coton. » Et, à propos de la durée du travail, Villermé observait que les forçats des bagnes ne travaillent que dix heures, les esclaves des Antilles neuf heures en moyenne, tandis qu'il existait dans la France qui avait fait la Révolution de 89, qui avait proclamé les pompeux *Droits de l'Homme*, « des manufactures où la journée était de seize heures, sur lesquelles on n'accordait aux ouvriers qu'une heure et demie pour les repas (1). »

O misérable avortement des principes révolution-

(1) L.-R. Villermé. *Tableau de l'état physique et moral des ouvriers dans les fabriques de coton, de laine et de soie* (1840). Ce n'était pas parce que les Dollfus, les Kœchlin et autres fabricants, alsaciens étaient des républicains, des patriotes et des philanthropes protestants qu'ils traitaient de la sorte leurs ouvriers; car MM. Blanqui, l'académicien, Reybaud, le prototype de Jérôme Paturot, et Jules Simon, le maître Jacques politique, ont constaté les mêmes aménités pour la classe ouvière, chez les fabricants très catholiques et très monarchiques de Lille et de Lyon. Ce sont là des vertus capitalistes s'harmonisant à ravir avec toutes les convictions politiques et religieuses.

naires de la bourgeoisie! ô lugubres présents de son dieu Progrès! — Les philanthropes acclament bienfaiteurs de l'Humanité ceux qui, pour s'enrichir en fainéantant, donnent du travail au pauvres; mieux vaudrait semer la peste, empoisonner les sources que d'ériger une fabrique capitaliste au milieu d'une population rustique. — Introduisez le travail de fabrique et adieu joie, santé, liberté; adieu tout ce qui fait la vie belle et digne d'être vécue (1).

Et les économistes s'en vont répétant aux ouvriers: travaillez pour augmenter la fortune sociale! et cependant un économiste, Destutt de Tracy, leur répond: « Les nations pauvres, c'est là où le peuple est à son aise; les nations riches, c'est là où il est ordinairement pauvre »; et son disciple Cherbulliez

(1) Les Indiens des tribus belliqueuses du Brésil tuent leurs infirmes et leurs vieillards; ils témoignent leur amitié en mettant fin à une vie qui n'est plus réjouie par des combats, des fêtes et des danses. Tous les peuples primitifs ont donné aux leurs ces preuves d'affection: les Massagètes de la mer Caspienne (Hérodote) aussi bien que les Wens de l'Allemagne et les Celtes de la Gaule. Dans les églises de Suède, dernièrement encore, on conservait des massues dites *massues-familiales*, qui servaient à délivrer les parents des tristesses de la vieillesse. Combien dégénérés sont les prolétaires modernes pour accepter en patience les épouvantables misères du travail de fabrique!

de continuer : « Les travailleurs eux-mêmes, en coopérant à l'accumulation des capitaux productifs, contribuent à l'événement qui, tôt ou tard, doit les priver d'une partie de leur salaire. » — Mais assourdis et idiotisés par leurs propres hululements, les économistes de répondre : travaillez, travaillez toujours pour créer votre bien-être ! Et, au nom de la mansuétude chrétienne, un prêtre de l'Église anglicane, le révérend Townsend, psalmodie : travaillez, travaillez nuit et jour ; en travaillant, vous faites croître votre misère, et votre misère nous dispense de vous imposer le travail par la force de la loi. L'imposition légale du travail « donne trop de peine, exige trop de violence et fait trop de bruit ; la faim, au contraire, est non seulement une pression paisible, silencieuse, incessante, mais comme le mobile le plus naturel du travail et de l'industrie, elle provoque aussi les efforts les plus puissants. » Travaillez, travaillez, prolétaires, pour agrandir la fortune sociale et vos misères individuelles ; travaillez, travaillez, pour que devenant plus pauvres, vc ayez plus de raison de travailler et d'être misérables. Telle est la loi inexorable de la production capitaliste.

Parce que prêtant l'oreille aux fallacieuses paroles des économistes, les prolétaires se sont livrés corps et âme au vice du travail, ils précipitent la société tout entière dans ces crises industrielles de surproduction qui convulsent l'organisme social. Alors, parce qu'il y a pléthore de marchandises et pénurie d'acheteurs, les ateliers se ferment et la faim cingle les populations ouvrières de son fouet aux mille lanières. Les prolétaires abrutis par le dogme du travail, ne comprenant pas que le sur-travail qu'ils se sont infligés pendant le temps de prétendue prospérité est la cause de leur misère présente, au lieu de courir aux greniers à blé et de crier. « Nous avons faim, nous voulons manger!... Vrai, nous n'avons pas un rouge liard, mais tout gueux que nous sommes, c'est nous cependant qui avons moissonné le blé et vendangé le raisin... » — Au lieu d'assiéger les magasins de M. Bonnet, de Jujurieux, l'inventeur des couvents industriels et de clamer : « M. Bonnet, voici vos ouvrières ovalistes, moulineuses, fileuses, tisseuses, elles grelottent sous leurs cotonnades rapetassées à chagriner l'œil d'un juif et cependant, ce sont elles qui ont filé et tissé les robes de soie des cocottes de toute la chrétienté. Les pauvresses travaillant treize heures par jour, n'avaient pas le temps de songer à la toilette, maintenant, elles chôment et peuvent faire du frou-frou avec les soieries qu'elles ont ouvrées. Dès qu'elles ont perdu leurs dents de lait, elles se sont dévouées à votre fortune et ont vécu dans l'abstinance ; maintenant, elles ont des loisirs et veulent jouir un peu des fruits de leur travail. Allons, M. Bonnet, livrez vos soieries, M. Harmel fournira ses mousselines, M. Pouyer-Quertier ses calicots, M. Pinet ses bottines pour leurs chers petits pieds froids et humides... Vêtues de pied en cap, et fringantes, elle vous feront plaisir à contempler. Allons, pas de tergiversations; — vous êtes ami de l'humanité, n'est-ce pas, et chrétien par dessus le marché ? — Mettez à la disposition de vos ouvrières la fortune qu'elles vous ont édifiée avec la chair de leur chair. — Vous êtes ami du commerce? — Facilitez la circulation des marchandises ; voici des consommateurs tout trouvés; ouvrez-leur des crédits illimités. Vous êtes bien obligé d'en faire à des négociants que vous ne connaissez ni d'Adam ni d'Ève, qui ne vous ont rien donné, pas même un verre d'eau. Vos ouvrières s'acquitteront comme elles le pourront ; si, au jour de l'échéance, elles gambettisent et laissent protester leur signature, vous les mettrez en faillite, et si elles n'ont rien à saisir, vous exigerez qu'elles vous paient en prières : elles vous enverront en paradis, mieux que vos sacs noirs, au nez gorgé de tabac. »

Au lieu de profiter des moments de crise pour une distribution générale des produits et un gaudissement universel, les ouvriers, crevant la faim, s'en vont battre de leur tête les portes de l'atelier. Avec des figures hâves, des corps amaigris, des discours piteux, ils assaillent les fabricants : « Bon M. Chagot, doux M. Schneider, donnez-nous du travail, ce n'est pas la faim, mais la passion du travail qui nous tourmente ! » Et ces misérables qui ont à peine la force de se tenir debout, vendent douze et quatorze heures de travail deux fois moins cher que lorsqu'ils avaient du pain sur la planche. Et les philanthropes de l'industrie de profiter des chômages pour fabriquer à meilleur marché.

Si les crises industrielles suivent les périodes de sur-travail aussi fatalement que la nuit le jour, traînant après elles le chômage forcé et la misère sans issue, elles amènent aussi la banqueroute inexorable. Tant que le fabricant a du crédit, il lâche la bride à la rage du travail, il emprunte et emprunte encore pour fournir la matière première aux ouvriers. Il fait produire, sans réfléchir que le marché s'engorge et que, si ses marchandises n'arrivent pas à la vente, ses billets viendront à l'échéance. Acculé, il va implorer le juif, il se jette à ses pieds, lui offre son sang, son honneur. « Un petit peu d'or ferait mieux mon affaire, répond le Rothschild, vous avez 20,000 paires de bas en magasin, ils valent vingt sous, je les prends à quatre sous. » Les bas obtenus le juif les vend six et huit sous, et empoche de frétillantes pièces de cent sous qui ne doivent rien à personne : mais le fabricant a reculé pour mieux sauter. Enfin, la débâcle arrive et les magasins dégorgent; on jette alors tant de marchandises par la fenêtre, qu'on ne sait comment elles sont entrées par la porte. C'est par centaines de millions que se chiffre la valeur des marchandises détruites; au siècle dernier on les brûlait ou on les jetait à l'eau (1).

Mais avant d'aboutir à cette conclusion, les fabricants parcourent le monde en quête de débouchés pour les marchandises qui s'entassent; ils forcent leur gouvernement à annexer des Congo, à s'emparer des Tonkin, à démolir à coups de canon les murailles de la Chine, pour y écouler leurs cotonnades. Aux siècles derniers, c'était un duel à mort entre la France et l'Angleterre à qui aurait le privilège exclusif de vendre en Amérique et aux Indes. Des milliers d'hommes jeunes et vigoureux ont rougi de leur sang les mers, pendant les guerres coloniales des XVI^e^, XVII^e^ et XVIII^e^ siècles.

Les capitaux abondent comme les marchandises. Les financiers ne savent plus où les placer; ils vont alors, chez les nations heureuses qui lézardent au

(1) Au Congrès industriel tenu à Berlin, le 21 janvier 1879, on estimait à 568 millions de francs la perte qu'avait éprouvée l'industrie du fer en Allemagne pendant la dernière crise.

soleil en fumant des cigarettes, poser des chemins de fer, ériger des fabriques et importer la malédiction du travail. Et cette exportation de capitaux français se términe un beau matin par des complications diplomatiques : en Egypte, la France, l'Angleterre, l'Allemagne étaient sur le point de se prendre aux cheveux pour savoir quels usuriers seraient payés les premiers; par des guerres du Mexique où l'on envoie des soldats français faire le métier d'huissiers pour recouvrer de mauvaises dettes (1).

(1) La *Justice* de M Clémenceau, dans sa partie financière, disait le 6 avril 1880: « Nous avons entendu soutenir cette opinion, que, à défaut de la Prusse, les milliards de la guerre de 1870 eussent été *également perdus* pour la France et ce sous forme d'emprunt périodiquement émis pour l'équilibre des budgets étrangers ; telle est également notre opinion. » On estime à cinq milliards la perte des capitaux anglais dans les emprunts des républiques de l'Amérique du Sud. — Les travailleurs français ont non-seulement produit les cinq milliards payés à M. Bismarck ; mais ils continuent à servir les intérêts de l'indemnité de guerre aux Ollivier, aux Girardin, aux Bazaine et autres porteurs de titres de rente qui ont amené la guerre et la déroute. Cependant, il leur reste une fiche de consolation : ces milliards n'occasionneront pas de guerre de recouvrement.

Ces misères individuelles et sociales, pour grandes et innombrables qu'elles soient, pour éternelles qu'elles paraissent, s'évanouiront comme les hyènes et les chacals à l'approche du lion, quand le Prolétariat dira : « Je le veux ». Mais pour qu'il parvienne à la conscience de sa force, il faut que le Prolétariat foule aux pieds les préjugés de la morale chrétienne, économique, libre-penseuse; il faut qu'il retourne à ses instincts naturels, qu'il proclame les *Droits de la paresse*, mille et mille fois plus nobles et plus sacrés que les phthisiques *Droits de l'homme* concoctés par les avocats métaphysiciens de la révolution bourgeoise; qu'il se contraigne à ne travailler que trois heures par jour, à fainéanter et bombancer le reste de la journée et de la nuit.

Jusqu'ici ma tâche a été facile, je n'avais qu'à décrire des maux réels bien connus de nous tous, hélas! Mais convaincre le Prolétariat que la morale qu'on lui a inoculée est perverse, que le travail effréné auquel il s'est livré dès le commencement du siècle est le plus terrible fléau qui jamais ait frappé l'humanité, que le travail ne deviendra un condiment des plaisirs de la paresse, un exercice bienfaisant à l'organisme humain, une passion utile à l'organisme social que lorsqu'il sera sagement réglementé et limité à un maximum de trois heures par jour, est une tâche ardue et au-dessus de mes forces; seuls des physiologistes, des hygiénistes, des économistes communistes pourraient l'entreprendre. Dans les pages qui vont suivre, je me bornerai à démontrer qu'étant donnés les moyens de production modernes et leur puissance reproductive illimitée, il faut mater la passion extravagante des ouvriers pour le travail et les obliger à consommer les marchandises qu'ils produisent.

## III

### Ce qui suit la Sur-production.

Un poète grec, du temps de Cicéron, Antiparos, chantait ainsi l'invention du moulin à eau, (pour la mouture du grain) il allait émanciper les femmes esclaves et ramener l'âge d'cr : « Epargnez le bras qui fait tourner la meule, ô meunières, et dormez paisiblement ! Que le coq vous avertisse en vain qu'il fait jour ! Dao a imposé aux nymphes le travail des esclaves et les voilà qui sautillent allègrement sur la roue et voilà que l'essieu ébranlé roule avec ses raies, faisant tourner la pesante pierre roulante. Vivons de la vie de nos pères et oisifs réjouissons-nous des dons que la déesse accorde. » — Hélas ! les loisirs qne le poète païen annonçait ne sont pas venus ; la passion aveugle, perverse et homicide du travail transforme la machine libératrice en instrument d'asservissement des hommes libres : sa productivité les appauvrit.

Une bonne ouvrière ne fait avec le fuseau que cinq mailles à la minute, certains métiers circulaires à tricoter en font trente mille dans le même temps. Chaque minute de la machine équivaut donc à cent heures de travail de l'ouvrière; ou bien chaque minute de travail de la machine délivre à l'ouvrière dix jours de repos. Ce qui est vrai pour l'industrie du tricotage est plus ou moins vrai pour toutes les industries renouvelées par la mécanique moderne. — Mais que voyons-nous? A mesure que la machine se perfectionne et abat le travail de l'homme avec une rapidité et une précision sans cesse croissantes, l'ouvrier, au lieu de prolonger son repos d'autant, redouble d'ardeur, comme s'il voulait rivaliser avec la machine. Oh! concurrence absurde et meurtrière!

Pour que la concurrence de l'homme et de la machine prît libre carrière, les prolétaires ont aboli les sages lois qui limitaient le travail des artisans des antiques corporations; ils ont supprimés les jours fériés (1). Parce que les producteurs d'alors ne travaillaient que cinq jours sur sept, croient-ils

(1) Sous l'ancien régime, les lois de l'Église garantissaient au travailleur 90 jours de repos (52 dimanches et 38 jours fériés) pendant lesquels il était strictement défendu de travailler. C'était le grand crime du catholicisme, la cause principale de l'irréligion de la bourgeoisie industrielle et commerçante. Sous la Révolution, dès qu'elle fut maîtresse, elle abolit les jours fériés, et remplaça la semaine de sept jours par celle de dix; afin que le peuple n'eût plus qu'un jour de repos sur dix. Elle affranchit les

donc, ainsi que le racontent les économistes menteurs, qu'ils ne vivaient que d'air et d'eau fraîche? — Allons donc! — Ils avaient des loisirs pour goûter les joies de la terre, pour faire l'amour et rigoler; pour banqueter joyeusement en l'honneur du grand dieu de la Fainéantise. La morose Angleterre, encagottée dans le protestantisme, se nommait alors la « joyeuse Angleterre » (*Merry England*). — Rabelais, Quevedo, Cervantès, les auteurs inconnus des romans picaresques, nous font venir

ouvriers du joug de l'Église pour mieux les soumettre au joug du Travail.

La haine contre les jours fériés n'apparaît que lorsque la moderne bourgeoisie industrielle et commerçante prend corps, entre le XV^e^ et XVI^e^ siècles. Henri IV demanda leur réduction au pape; il refusa parce que « une des hérésies qui courent le jourd'hui, est touchant les fêtes » (*Lettres du Cardinal d'Ossat*). Mais, en 1666, Péréfixe, archevêque de Paris, en supprima 17 dans son diocèse Le protestantisme, qui était la religion chrétienne, accomodée aux nouveaux besoins industriels et commerciaux de la bourgeoisie, fut moins soucieux du repos populaire; il détrôna au ciel les saints pour abolir sur terre leurs fêtes.

La réforme religieuse et la libre pensée philosophique n'étaient que des prétextes qui permirent à la bourgeoisie jésuite et rapace d'escamoter les jours de fête du populaire.

l'eau à la bouche avec leurs peintures de ces monumentales ripailles (1) dont on se régalait alors entre deux batailles et deux dévastations, et dans lesquelles tout « allait par escuelles ». — Jordaens et l'école flamande les ont écrites sur leurs toiles réjouissantes. Sublimes estomacs gargantuesques, qu'êtes-vous devenus? Sublimes cerveaux qui encercliez toute la pensée humaine, qu'êtes-vous devenus? — Nous sommes bien dégénérés et bien rapetissés. La vache enragée, la pomme de terre, le vin fuchsiné, le schnaps prussien savamment combinés avec le travail forcé ont débilité nos corps et

(1) Ces fêtes pantagruéliques duraient des semaines. Don Rodrigo de Lara gagne sa fiancée en expulsant les Maures de Calatrava la vieille, et le *Romancero* narre que :

*Las bodas fueron en Burgos,*
*Las tornabodas en Salas :*
*En bodas y tornabodas*
*Pasaron siete semanas.*
*Tantas vienen de las gentes,*
*Que no caben por las plazas...*

(Les noces furent à Burgos, les retours de noces à Salas ; en noces et retours de noces, sept semaine passèrent ; tant de gens accoururent que les places ne purent les contenir...)

Les hommes de ces noces de sept semaines étaient les héroïques soldats des guerres de l'indépendance.

borné nos esprits. Et c'est alors que l'homme rétrécit son estomac et que la machine élargit sa productivité, c'est alors que les économistes nous prêchent la théorie malthusienne, la religion de l'abstinence et le dogme du travail? Mais il faudrait leur arracher la langue et la jeter aux chiens.

Parce que la classe ouvrière avec sa bonne foi simpliste s'est laissée endoctriner, parce que, avec son impétuosité native, elle s'est précipitée à l'aveugle dans le travail et l'abstinence, la classe capitaliste s'est trouvée condamnée à la paresse et à la jouissance forcées, à l'improductivité et à la sur-consommation. Mais, si le sur-travail de l'ouvrier meurtrit sa chair et tenaille ses nerfs, il est aussi fécond en douleurs pour le bourgeois.

L'abstinence à laquelle se condamme la classe productive oblige les bourgeois à se consacrer à la sur-consommation des produits qu'elle manufacture désordonnément. Au début de la production capitaliste, il y a un ou deux siècles de cela, le bourgeois était un homme rangé, de mœurs raisonnables et paisibles; il se contentait de sa femme ou à peu près; il ne buvait qu'à sa soif et ne mangeait qu'à sa faim. Il laissait aux courtisans et aux courtisanes les nobles vertus de la vie débauchée. Aujourd'hui il n'est fils de parvenu qui ne se croit tenu de développer la prostitution et de mercurialiser son corps pour donner un but aux labeurs que s'imposent les ouvriers des mines de mercure; il n'est bourgeois qui ne s'empiffre de chapons truffés et de Laffite navigué, pour encourager les éleveurs de la Flèche et les vignerons du Bordelais. A ce métier, l'organisme se délabre rapidement, les cheveux tombent, les dents se déchaussent, le tronc se déforme, les ventre s'entripaille, la respiration s'embarrasse, les mouvements s'alourdissent, les articulations s'ankylosent, les phalanges se nouent. D'autres, trop malingres pour supporter les fatigues de la débauche, mais dotés de la bosse du prudhomisme, dessèchent leur cervelle comme les Garnier de l'Economie politique, les Acollas de la philosophie juridique, à élucubrer de gros livres soporifiques pour occuper les loisirs des compositeurs et des imprimeurs.

Les femmes du monde vivent une vie de martyr. Pour essayer et faire valoir les toilettes féériques que les couturières se tuent à bâtir, du soir au matin elles font la navette d'une robe dans une autre; pendant des heures, elles livrent leur tête creuse aux artistes capillaires qui, à tout prix, veulent assouvir leur passion pour l'échafaudage des faux chignons. Sanglées dans leurs corsets, à l'étroit dans leurs bottines, décolletées à faire rougir un sapeur, elles tournoient des nuits entières dans leurs bals de charité afin de ramasser quelques sous pour le pauvre monde. Saintes âmes!

Pour remplir sa double fonction sociale de non-producteur et de sur-consommateur, la bourgeoisie dut non-seulement violenter ses goûts modestes, perdre ses habitudes laborieuses d'il y a deux siècles et se livrer au luxe effréné, aux indigestions truffées et aux débauches syphilitiques; mais encore soustraire au travail productif une masse énorme d'hommes, enfin de se procurer des aides.

Voici quelques chiffres qui prouvent combien colossale est cette déperdition de forces productives. D'après le recensement de 1861, la population de l'Angleterre et du pays de Galles comprenait 20,066,244 personnes, dont 9,776,259 du sexe masculin et 10,289,965 du sexe féminin. Si l'on déduit ce qui est trop vieux ou trop jeune pour travailler, les femmes, les adolescents et les enfants improductifs, puis les professions *idéo ogiques* telles que gouvernants, police, clergé, magistrature, armée, prostitution, arts, sciences, etc., ensuite les gens exclusivement occupés à manger le travail d'autrui, sous forme de rente foncière, d'intérêt, de dividendes, etc..., il reste en gros, huit millions d'individus des deux sexes et de tout âge, y compris les capitalistes fonctionnant dans la production, le commerce, la finance, etc... Sur ces huit millions, on compte :

Travailleurs agricoles (y compris les bergers, les valets et les filles de ferme habitant chez les fermiers). . . . 1,098,261

| | |
|---|---|
| Ouvriers des fabriques de coton, de laine, de chanvre, de lin, de soie, de tricotage. . . . . . . . . . . . . | 642,607 |
| Ouvriers des mines de charbon et de métal . . . . . . . . . . . . | 565,835 |
| Ouvriers métallurgiques (hauts fourneaux, laminoirs, etc.) . . . . . . | 396,998 |
| Classe domestique . . . . . . . . . | 1,208,648 |

« Si nous additionnons les travailleurs des fabriques textiles et ceux des mines de charbon et de métal, nous obtenons le chiffre de 1,208,442; si nous additionnons les premiers et ceux de toutes les usines métallurgiques, nous avons un total de 1,039,605 personnes; c'est-à-dire chaque fois un nombre plus petit que celui des esclaves domestiques modernes. Voilà le magnifique résultat de l'exploitation capitaliste des machines (1). » A toute cette classe domestique dont la grandeur indique le degré atteint par la civilisation capitaliste, il faut ajouter la classe nombreuse des malheureux voués exclusivement à la satisfaction des goûts dispendieux et futiles des classes riches : tailleurs de diamants, dentellières, brodeuses, relieurs de luxe,

(1) Karl Marx, *Le Capital.*

couturières de luxe, décorateurs des maisons de plaisance, etc... (1)

Une fois accroupie dans la paresse absolue et démoralisée par la jouissance forcée, la bourgeoisie, malgré le mal qu'elle en eut, s'accommoda de son nouveau genre de vie. Avec horreur elle envisagea tout changement. La vue des misérables conditions d'existence acceptées avec résignation par la classe ouvrière et celle de la dégradation organique engendrée par la passion dépravée du travail augmentaient encore sa répulsion pour toute imposition de travail et pour toute restriction de jouissances.

C'est précisément alors que, sans tenir compte de la démoralisation que la bourgeoisie s'était imposée comme un devoir social, les prolétaires se mirent en tête d'infliger le travail aux capitalistes. Les naïfs, ils prirent au sérieux les théories des économistes et des moralistes sur le travail et se san-

(1) « La proportion suivant laquelle la population d'un pays est employée comme domestique, au service des classes aisées, indique son progrès en richesse nationale et en civilisation. » (*R. M. Martin, Ireland before and after the Union* , (1848). Gambetta, qui niait la question sociale, depuis qu'il nétait plus l'avocat nécessiteux du Café Procope, voulait sans doute parler de cette classe domestique sans cesse grandissante quand il réclamait l'avènement des nouvelles couches sociales.

glèrent les reins pour en imposer la pratique aux capitalistes. Le Prolétariat arbora la devise : *Qui ne travaille pas, ne mange pas ;* Lyon, en 1831, se leva pour du *plomb ou du travail* ; les fédérés de Mars 1871 déclarèrent leur soulèvement, la *Révolution du travail.*

A ces déchaînements de fureur barbare, destructives de toute jouissance et de toute paresse bourgeoises. les capitalistes ne pouvaient répondre que par la répression féroce ; mais ils savent que s'ils ont pu comprimer ces explosions révolutionnaires, ils n'ont pas noyé dans le sang de leurs massacres gigantesques l'absurde idée du Prolétariat de vouloir infliger le travail aux classes oisives et repues ; et c'est pour détourner ce malheur qu'ils s'entourent de prétoriens, de policiers, de magistrats, de geôliers entretenus dans une improductivité laborieuse. On ne peut plus conserver d'illusion sur le caractère des armées modernes, elles ne sont maintenues en permanence que pour comprimer « l'ennemi intérieur »; c'est ainsi que les forts de Paris et de Lyon n'ont pas été construits pour défendre la ville contre l'étranger, mais pour l'écraser en cas de révolte. Et s'il fallait un exemple sans réplique, citons l'armée de la Belgique, de ce pays de Cocagne du Capitalisme ; sa neutralité est garantie par les puissances européennes et cependant son armée est une des plus fortes proportionnellement à la population. Les glorieux champs de bataille de la brave armée belge sont les plaines du Borinage et de Charleroi ; c'est dans le sang des mineurs et des ouvriers désarmés que les officiers belges trempent leurs épées et ramassent leurs épaulettes. Les nations européennes n'ont pas des armées nationales, mais des armées mercenaires : elles protègent les capitalistes contre la fureur populaire qui voudrait les condamner à dix heures de mines ou de filature.

Donc, en se serrant le ventre, la classe ouvrière a développé outre mesure le ventre de la bourgeoisie condamnée à la sur-consommation.

Pour être soulagée dans son pénible travail, la bourgeoisie a retiré de la classe ouvrière une masse d'hommes de beaucoup supérieure à celle qui restait consacrée à la production utile, et l'a condamnée à son tour à l'improductivité et à la sur-consommation. Mais ce troupeau de bouches inutiles, malgré sa voracité insatiable, ne suffit pas à consommer toutes les marchandises que les ouvriers, abrutis par le dogme du travail, produisent comme des maniaques, sans vouloir les consommer, et sans même songer si l'on trouvera des gens pour les consommer.

En présence de cette double folie des travailleurs, de se tuer de sur-travail et de végéter dans l'abstinence, le grand problème de la production capitaliste n'est plus de trouver des producteurs et de décupler leurs forces, mais de découvrir des consommateurs, d'exciter leurs appétits et de leur en créer de factices. Puisque les ouvriers européens, grelottants de froid et de faim, refusent de porter les étoffes qu'ils tissent, de boire les vins qu'ils récoltent, les pauvres fabricants, ainsi que des dératés, doivent courir aux antipodes chercher qui les portera et qui les boira : ce sont des centaines de millions et des milliards que l'Europe exporte tous les ans aux quatre coins du monde à des peuplades qui n'en ont que faire (1). Mais les continents explorés ne sont plus assez vastes, il faut des pays vierges. Les fabricants de l'Europe rêvent nuit et jour de l'Afrique, du lac Saharien, du chemin de fer du Soudan ; avec anxiété, ils suivent les progrès des

(1) Deux exemples : le gouvernement anglais, pour complaire aux paysans indiens, qui malgré les famines périodiques désolant le pays s'entêtent à cultiver le pavot au lieu du riz ou du blé, a dû entreprendre des guerres sanglantes, afin d'imposer au Gouvernement chinois la libre introduction de l'opium indien. Les sauvages de la Polynésie, malgré la mortalité qui en fut la conséquence, durent se vêtir et de soûler à l'anglaise, pour consommer les produits des distilleries de l'Écosse et des ateliers de tissage de Manchester.

Livingstone, des Stanley, des du Chaillu, des de Brazza; bouche béante, ils écoutent les histoires mirobolantes de ces courageux voyageurs. Que de merveilles inconnues renferme le « Continent noir » ! Des champs sont plantés de dents d'éléphants, des fleuves d'huile de coco charrient des paillettes d'or, des millions de culs noirs, nus comme la face de Dufaure ou de Girardin, attendent des cotonnades pour apprendre la décence, des bouteilles de schnaps et des bibles pour connaître les vertus de la civilisation.

Mais tout est impuissant : bourgeois qui s'empiffrent, classe domestique qui dépasse la classe productive, nations étrangères et barbares que l'on engorge de marchandises européennes ; rien, rien ne peut arriver à écouler les montagnes de produits qui s'entassent plus hautes et plus énormes que les pyramides d'Égypte : la productivité des ouvriers européens défie toute consommation, tout gaspillage. Les fabricants, affolés, ne savent plus où donner de la tête ; ils ne peuvent plus trouver de matière première pour satisfaire la passion désordonnée, dépravée, de leurs ouvriers pour le travail. Dans nos départements lainiers, on effiloche les chiffons souillés et à demi pourris, on en fait des draps dits de *renaissance*, qui durent ce que durent les promesses électorales ; à Lyon, au lieu de laisser à la fibre soyeuse sa simplicité et sa souplesse naturelle, on la surcharge de sels minéraux qui, en lui ajoutant du poids, la rendent friable et de peu d'usage. Tous nos produits sont adultérés pour en faciliter l'écoulement et en abréger l'existence. Notre époque sera appelée *l'âge de la falsification*, comme les premières époques de l'humanité ont reçu les noms *d'âge de pierre*, *d'âge de bronze*, du caractère de leur production. Des ignorants accusent de fraude nos pieux industriels, tandis qu'en réalité la pensée qui les anime est de fournir du travail aux ouvriers, qui ne peuvent se résigner à vivre les bras croisés. Ces falsifications, qui pour unique mobile ont un sentiment humanitaire, mais qui rapportent de superbes profits aux fabricants qui les pratiquent, si elles sont désastreuses pour la qualité des marchandises, si elles sont une source intarissable de gaspillage du travail humain, prouvent la philanthropique ingéniosité des bourgeois et l'horrible perversion des ouvriers qui, pour assouvir leur vice de travail, obligent les industriels à étouffer les cris de leur conscience et à violer même les lois de l'honnêteté commerciale.

Et cependant, en dépit de la sur-production de marchandises, en dépit des falsifications industrielles, les ouvriers encombrent le marché innombrablement, implorant du travail ! du travail ! —

Leur surabondance devrait les obliger à réfréner leur passion ; au contraire, elle la porte au paroxysme. Qu'une chance de travail se présente, ils se ruent dessus ; alors c'est douze, quatorze heures qu'ils réclament pour en avoir leur saoûl, et le lendemain les voilà de nouveau rejetés sur le pavé, sans plus rien pour alimenter leur vice. Tous les ans, dans toutes les industries, des chômages reviennent avec la régularité des saisons. Au surtravail meurtrier pour l'organisme, succède le repos absolu, pendant des deux et quatre mois ; et plus de travail, plus de pitance. Puisque le vice du travail est diaboliquement chevillé dans le cœur des ouvriers ; puisque ses exigences étouffent tous les autres instincts de la nature ; puisque la quantité de travail requise par la société est forcément limitée par la consommation et par l'abondance de la matière première, pourquoi dévorer en six mois le travail de toute l'année ? — Pourquoi ne pas le distribuer uniformément sur les douze mois et forcer tout ouvrier à se contenter de six ou de cinq heures par jour, pendant l'année, au lieu de prendre des indigestions de douze heures pendant six mois ? — Assurés de leur part quotidienne de travail, les ouvriers ne se jalouseront plus, ne se battront plus pour s'arracher le travail des mains et le pain de la bouche ; alors, non épuisés de corps et d'esprit, ils commenceront à pratiquer les vertus de la Paresse.

Abêtis par leur vice, les ouvriers n'ont pu s'élever à l'intelligence de ce fait, que, pour avoir du travail pour tous, il fallait le rationner comme l'eau sur un navire en détresse. Cependant des industriels, au nom de l'exploitation capitaliste, ont dequis longtemps demandé une limitation légale de la journée de travail. Devant la commission de 1860 sur l'enseignement professionnel, un des plus grands manufacturiers de l'Alsace, M. Bourcart, de Guebwiller, déclarait : « Que la journée de douze heures était excessive et devait être ramenée à onze, que l'on devait suspendre le travail à deux heures le samedi. Je puis conseiller l'adoption de cette mesure quoiqu'elle paraisse onéreuse à première vue; nous l'avons expérimentée dans nos établissements industriels depuis quatre ans et nous nous en trouvons bien, et la production moyenne, loin d'avoir diminué a augmenté. » Dans son étude sur *les machines*, M. F. Passy, cite la lettre suivante d'un grand industriel belge, M. Ottevaere. « Nos machines, quoique les mêmes que celles des filatures anglaises, ne produisent pas ce qu'elles devraient produire et ce que produiraient ces mêmes machines en Angleterre, quoique les filatures travaillent deux heures de moins par jour... Nous travaillons tous *deux grandes heures de trop* : j'ai la conviction que si l'on ne travaillait que onze heures au lieu de treize, nous aurions la même production et produirions par conséquent plus économiquement. » D'un autre côté, M. Leroy-Beaulieu affirme que « c'est une observation d'un grand manufacturier belge que les semaines où tombe un jour férié n'appportent pas une production inférieure à celle des semaines ordinaires.(1)»

Ce que le peuple, pipé en sa simplesse par les moralistes, n'a jamais osé, un gouvernement aristocratique l'a osé. Méprisant les hautes considérations morales et industrielles des économistes, qui, comme des oiseaux de mauvaise augure, croassaient que diminuer d'une heure le travail des fabriques c'était décréter la ruine de l'industrie anglaise, le gouvernement de l'Angleterre a défendu par une loi, strictement observée de travailler plus de dix heures par jour; et, après comme avant, l'Angleterre demeure la première nation industrielle du monde.

La grande expérience anglaise est là, l'expérience de quelques capitalistes intelligents est là : elles démontrent irréfutablement que, pour puissancier la productivité humaine, il faut réduire les heures de travail et multiplier les jours de paye et de fêtes, et le peuple français n'est pas convaincu. — Mais si une misérable réduction de deux heures a aug-

(1) Paul Leroy-Beaulieu. *La question ouvrière au XIXe siècle, 1872.*

menté en dix ans de près d'un tiers la production anglaise (1), quelle marche vertigineuse imprimera à la production française une réduction légale de la journée de travail à trois heures ? Les ouvriers ne peuvent-ils donc comprendre qu'en se surmenant de travail, ils épuisent leurs forces et celles de leur progéniture; que, usés, ils arrivent avant l'âge à être incapables de tout travail ; qu'absorbés, abrutis par un seul vice, ils ne sont plus des hommes, mais des tronçons d'hommes ; qu'ils tuent en eux toutes les belles facultés pour ne laisser debout et luxuriante que la folie furibonde du travail ?

Ah ! comme des perroquets d'Arcadie ils répètent la leçon des économistes : « Travaillons, travaillons pour accroître la richesse nationale. » O idiots ! c'est parce que vous travaillez trop que l'outillage industriel se développe lentement. Cessez de braire et écoutez un économiste ; il n'est pas un aigle, ce n'est que M. L. Reybaud, que nous avons eu le bonheur

(1) Voici d'après le célèbre statitiscien R. Giffen, du *Bureau de statistique* de Londres, la progression croissante de la richesse nationale de l'Angleterre et de l'Irlande : en

| | | | | |
|---|---|---|---|---|
| 1814 | — elle était de. . . . . | 55 | milliards | de francs. |
| 1865 | — — | 162 1/2 | — | — |
| 1875 | — — | 212 1/2 | — | — |

de perdre il y a quelque mois : « C'est en général sur les conditious de la main-d'œuvre que se règle la révolution dans les méthodes du travail. Tant que la main-d'œuvre fournit ses services à bas prix, on la prodigue, on cherche à l'épargner quand ses services deviennent plus coûteux (1). » Pour forcer les capitalistes à perfectionner leurs machines de bois et de fer, il faut hausser les salaires et diminuer les heures de travail des machines de chair et d'os. Les preuves à l'appui ? c'est par centaines qu'on peut les fournir. Dans la filature, le métier renvideur (*self acting mule*) fut inventé et appliqué à Manchester, parce que les fileurs se refusaient à travailler aussi longtemps qu'auparavant.

En Amérique, la machine envahit toutes les branches de la production agricole, depuis la fabrication du beurre jusqu'au sarclage des blés : pourquoi ? Parce que l'Américain, libre et paresseux, aimerait mieux mille morts que la vie bovine du paysan français. Le labourage si pénible en notre glorieuse France, si riche en courbatures, est, dans l'Ouest américain, un agréable passe-temps au grand air que l'on prend assis, en fumant nonchalamment sa pipe.

(1) Louis Reybaud. — *Le coton, son régime, ses problèmes* (1863).

## IV

### A nouvel Air, Chansons nouvelles.

Si, en diminuant les heures de travail, l'on conquiert à la production sociale de nouvelles forces mécaniques; en obligeant les ouvriers à consommer leurs produits, on conquerra une immense armée de forces travail. La bourgeoisie, déchargée alors de sa tâche de consommateur universel, s'empressera de licencier la cohue de soldats, de magistrats, de figaristes, de proxénètes, etc., qu'elle a retirés du travail utile pour l'aider à consommer et à gaspiller. — C'est alors que le marché du travail sera débordant : c'est alors qu'il faudra une loi de fer pour mettre l'interdit sur le travail : il sera impossible de trouver de la besogne pour cette nuée de ci-devant improductifs, plus nombreux que les poux des bois. Et après eux il faudra songer à tous ceux qui pourvoyaient à leurs besoins et goûts futiles et dispendieux. Quand il n'y aura plus de laquais et de généraux à galonner, plus de prostituées libres et mariées à couvrir de dentelles, plus de canons à forer, plus de palais à bâtir, il faudra par des lois sévères, imposer aux ouvrières et ouvriers en passementeries, en dentelles, en fer, en bâtiments, du canotage hygiénique et des exercices chorégraphiques pour le rétablissement de leur santé et le perfectionnement de la race. Du moment que les produits européens consommés sur place ne seront plus transportés au diable, il faudra bien que les marins, les hommes d'équipe, les cammionneurs s'asseoient et apprenuent à tourner les pouces. Les bienheureux Polynésiens pourront alors se livrer à l'amour libre sans craindre les coups de pieds de la Vénus civilisée et les sermons de la morale européenne.

Il y a plus. Afin de trouver du travail pour toutes les non-valeurs de la société actuelle, afin de laisser l'outillage industriel se développer indéfiniment, la classe ouvrière devra, comme la bourgeoisie, violenter ses goûts abstinents, et developper indéfiniment ses capacités consommatrices. Au lieu de manger par jour une ou deux onces de viande coriace, quand elle en mange, elle mangera de juteux beefsteaks de une ou deux livres ; au lieu de boire modérément du mauvais vin, plus catholique que le pape, elle boira à grandes et profondes rasades du bordeaux, du bourgogne sans baptême industriel et laissera l'eau aux bêtes.

Les prolétaires ont arrêté en leur tête d'infliger aux capitalistes des dix heures de forge et de raffinerie ; là est la grande faute, la cause des antagonismes sociaux et des guerres civiles. Défendre et non imposer le travail, il faudra. Les Rothschild, les Say, seront admis à faire la preuve d'avoir été, leur vie durant, de parfaits vauriens ; et s'ils jurent vouloir continuer à vivre en parfaits vauriens malgré l'entraînement général pour le travail, il seront mis en carte et à leur mairie respective ils recevront tous les matins une pièce de vingt francs pour leurs menus plaisirs. Les discordes sociales s'évanouiront. Les rentiers, les capitalistes, tous les premiers se rallieront au parti populaire, une fois convaincus que loin de leur vouloir du mal, on veut au contraire les débarrasser du travail de sur-consommation et de gaspillage dont ils ont été accablés dès leur naissance. Quant aux bourgeois incapables de prouver leurs titres de vauriens, on les laissera suivre leurs instincts : il existe suffisamment de métiers dégoûtants pour les caser, — Dufaure nettoierait les latrines publiques, Galiffet chourinerait les cochons galeux et les chevaux farcineux ; les membres de la commission des grâces envoyés à Poissy, marqueraient les bœufs et les moutons à abattre ; les sénateurs attachés aux pompes funèbres, joueraient les croque-morts. Pour d'autres, on trouverait des métiers à portée de leur intelligence. Lorgeril, Broglie boucheraient les bouteilles de champagne, mais on les musèleraient pour les empêcher de s'enivrer;

Ferry, Freycinet, Tirard, détruiraient les punaises et les vermines des ministères et autres auberges publiques; il faudra cependant mettre les deniers publics hors de la portée des bourgeois de peur des habitudes acquises.

Mais, dure et longue vengeance on tirera des moralistes qui ont perverti l'humaine nature, des cagots, des cafards, des hypocrites « et aultres telles sectes de gens qui se sont déguisés pour tromper le monde. Car donnant entendre au populaire commun qu'ils ne sont occupés sinon à contemplation et dévotion, en jeusnes et mascération de la sensualité, sinon vrayement pour sustenter et alimenter la petite fragilité de leur humanité : au contraire font chière, Dieu sçait qu'elle! *et Curios simulant sed Bacchanalia vivunt* (1). Vous le pouvez lire en grosse lettre et enlumineure de leurs rouges muzeaulx et ventres à poulaine, sinon quand ils se parfument de soulphre (2). » Aux jours des grandes réjouissances populaires, où, au lieu d'avaler de la poussière comme aux 15 août et aux 14 juillet du bourgeoisisme, les communistes et les collectivistes feront aller les flacons, trotter les jambons et voler les

(1) Ils simulent des Curius et vivent comme aux Bacchanales (*Juvénal*).

(2) *Pantagruel*. LIVRE II, chapitre LXXIV.

gobelets, les membres de l'Académie des sciences morales et politiques, les prêtres à longue et courte robe de l'église économique, catholique, protestante, juive, positiviste et libre-penseuse, les propagateurs du mathusianisme et de la morale chrétienne, altruiste, indépendante ou soumise vêtus de jaune, tiendront la chandelle à s'en brûler les doigts et vivront en famine auprès des femmes galloises et des tables chargées de viandes, de fruits et de fleurs, et mourront de soif auprès des tonneaux débondés. Quatre fois l'an, au changement des saisons, ainsi que les chiens des rémouleurs, on les enfermera dans de grandes roues et pendant dix heures on les condamnera à moudre du vent. Les avocats et les légistes subiront la même peine.

En régime de paresse, pour tuer le temps qui nous tue seconde par seconde, il y aura des spectacles et des représentations théâtrales toujours et toujours; c'est de l'ouvrage tout trouvé pour nos bourgeois législateurs. On les organisera par bandes courant les foires et les villages, donnant des représentations législatives. Les généraux en bottes à l'écuyère, la poitrine chamarée d'aiguillettes, de crachats, de croix de la Légion d'honneur, iront par les rues et places, racolant les bonnes gens. Gambetta et Cassagnac son compère feront le boniment de la porte. Cassagnac, en grand costume de matamore, roulant des yeux, tordant la moustache, crachant de l'étoupe enflammée, menacera tout le monde du pistolet de son père et s'abîmera dans un trou dès qu'on lui montrera le portrait de Lullier ; Gambetta discourra sur la politique étrangère, sur la petite Grèce, qui l'endoctorise et mettrait l'Europe en feu pour filouter la Turquie ; sur la grande Russie, qui le stultifie avec la compote qu'elle promet de faire de la Prusse et qui souhaite à l'ouest de l'Europe plaies et bosses pour faire sa pelote à l'est et étrangler le nihilisme à l'intérieur ; sur M. de Bismarck, qui a été assez bon pour lui permettre de se prononcer sur l'amnistie... puis, dénudant sa large bedaine peinte aux trois couleurs, il battera dessus le rappel et énumèrera les délicieuses petites bêtes, les ortolans, les truffes, les verres de Margaux et d'Yquem qu'il y a engloutonnés pour encourager l'agriculture et tenir en liesse les électeurs de Belleville.

Dans la baraque, on débutera par la *Farce électorale.*

Devant des électeurs à tête de bois et à oreilles d'ânes, les candidats bourgeois, vêtus en paillasse, danseront la danse des libertés politiques, se torchant la face et la post-face avec leurs programmes électoraux aux multiples promesses, et parlant avec des larmes dans les yeux des misères du peuple et avec du cuivre dans la voix des gloires de la France : et les têtes des électeurs de braire en chœur et solidement hi han ! hi han !

Puis commencera la grande pièce : *Le Vol des biens de la Nation.*

La France capitaliste, énorme femelle, velue de la face et chauve du crâne, avachie, aux chairs flasques, bouffies, blafardes, aux yeux éteints, ensommeillée et bâillant, s'allonge sur un canapé de velours ; à ses pieds, le Capitalisme industriel, gigantesque organisme de fer, à masque simiesque, dévore mécaniquement des hommes, des femmes, des enfants, dont les cris lugubres et déchirants emplissent l'air ; la Banque à museau de fouine, à corps de hyène et mains de harpies, lui dérobe prestement les pièces de cent sous de la poche. Des hordes de misérables prolétaires décharnés, en haillons, escortés de gendarmes, le sabre au clair, chassés par des furies, les cinglant avec les fouets de la faim, apportent aux pieds de la France capitaliste des monceaux de marchandises, des barriques de vin, des sacs d'or et de blé. Langlois, sa culotte d'une main, le testament de Proudhon de l'autre, le livre du budget entre les dents se campe à la tête des défenseurs des biens de la nation et monte la garde. Les fardeaux déposés, à coups de crosses et de baïonnettes, ils font chasser les ouvriers et ouvrent la porte aux industriels, aux commerçants et aux banquiers. Pêle-mêle, ils se précipitent sur le tas, avalant des cotonnades, des sacs de blé, des lingots d'or, vidant des barriques : n'en pouvant plus, sales, dégoûtants, ils s'affaissent dans leurs ordures et leurs vomissements... Alors le tonnerre éclate, la terre s'ébranle et s'entr'ouvre, la Fatalité historique surgit ; de son pied de fer, elle écrase les têtes de ceux qui hoquettent, titubent, tombent et ne peuvent fuir, et de sa large main elle renverse la France capitaliste, ahurie et suante de peur.

*
* *

Si, déracinant de son cœur le vice qui la domine et avilit sa nature, la classe ouvrière se levait dans sa force terrible, non pour réclamer les *Droits de l'homme*, qui ne sont que les droits de l'exploitation capitaliste, non pour proclamer le *Droit au travail* qui n'est que le droit à la misère, mais pour forger une loi d'airain, défendant à tout homme de travailler plus de trois heures par jour, la Terre, la vieille Terre, frémissant d'allégresse, sentirait bondir en elle un nouvel univers... Mais, comment demander à un prolétariat corrompu par la morale capitaliste une résolution virile...

Comme Christ, la dolente personnification de l'esclavage antique, les hommes, les femmes, les enfants du Prolétariat gravissent péniblement depuis un siècle le dur calvaire de la douleur : depuis un siècle, le travail forcé brise leurs os, meurtrit leurs chairs, tenaille leurs nerfs ; depuis un siècle, la faim tord leurs entrailles et hallucine leurs cerveaux... ô Paresse, prends pitié de notre longue misère ! ô Paresse, mère des arts et des nobles vertus, sois le baume des angoisses humaines !

---

# APPENDICE

Nos moralistes sont gens bien modestes ; s'ils ont inventé le dogme du Travail, ils doutent de son efficacité pour tranquilliser l'âme, réjouir l'esprit et entretenir le bon fonctionnement des reins et des autres organes ; ils veulent en expérimenter l'usage sur le populaire, *in animâ vili*, avant de le tourner contre les capitalistes, dont ils ont mission d'expliquer et d'autoriser les vices.

Mais, philosophes à quatre sous la douzaine, pourquoi vous battre ainsi la cervelle à élucubrer une morale dont vous n'osez conseiller la pratique à vos maîtres ? Votre dogme du Travail, dont vous faites tant les fiers, voulez-vous le voir bafoué, honni ? — Ouvrons l'histoire des peuples antiques et les écrits de leurs philosophes et de leurs législateurs.

« Je ne saurais affirmer, dit le père de l'histoire, Hérodote, si les Grecs tiennent des Égyptiens le mépris qu'ils font du travail, parce que je trouve le même mépris établi parmi les Thraces, les Scythes, les Perses, les Lydiens ; en un mot parce que chez la plupart des barbares, ceux qui apprennent les arts mécaniques et même leurs enfants sont regardés comme les derniers des citoyens... Tous les Grecs ont été élevés dans ces principes, particulièrement les Lacédémoniens (1) ».

« A Athènes, les citoyens étaient de véritables nobles qui ne devaient s'occuper que de la défense et de l'administration de la communauté, comme les guerriers sauvages dont ils tiraient leur origine. Devant donc être libres de tout leur temps pour veiller, par leur force intellectuelle et corporelle, aux intérêts de la République, ils chargeaient les esclaves de tout travail. De même à Lacedémone, les femmes mêmes ne devaient ni filer ni tisser pour ne pas déroger à leur noblesse (2) ».

Les Romains ne connaissaient que deux métiers nobles et libres, l'agriculture et les armes ; tous les citoyens vivaient de droit aux dépens du Trésor, sans pouvoir être contraints de pourvoir à leur subsistance par aucun des *sordidæ artes*, (ils désignaient

(1) *Hérodote*. Tom. II. Trad. LARCHER, 1786.

(2) BIOT. *De l'abolition de l'esclavage ancien en Occident*, 1840.

ainsi les métiers) qui appartenaient de droit aux esclaves. Brutus, l'ancien, pour soulever le peuple, accusa surtout Tarquin, le tyran, d'avoir fait des artisans et des maçons avec des citoyens libres (1).

Les philosophes anciens se disputaient sur l'origine des idées, mais ils tombaient d'accord s'il s'agissait d'abhorrer le travail. « La nature, dit Platon, dans son utopie sociale, dans sa république modèle, la nature n'a fait ni cordonnier, ni forgeron ; de pareilles occupations dégradent les gens qui les exercent, vils mercenaires, misérables sans nom qui sont exclus par leur état même des droits politiques. Quant aux marchands accoutumés à mentir et tromper, on ne les souffrira dans la cité que comme un mal nécessaire. Le citoyen qui se sera avili par le commerce de boutique sera poursuivi pour ce délit. S'il est convaincu, il sera condamné à un an de prison. La punition sera double à chaque récidive (2) ».

Dans son *Economique*, Xénophon écrit : « Les gens qui se livrent aux travaux manuels ne sont jamais élevés aux charges et on a bien raison. La plupart, condamnés à être assis tout le jour, quelques-uns même à éprouver un feu continuel ne peuvent manquer d'avoir le corps altéré et il est bien

(1) *Tite-Live*, Liv. I.
(2) Platon. *République*. Liv. V.

difficile que l'esprit ne s'en ressente. » « Que peut-il sortir d'honorable d'une boutique ? professe Cicéron, et qu'est-ce que le commerce peut produire d'honnête ? tout ce qui s'appelle boutique est indigne d'un honnête homme... les marchands ne pouvant gagner sans mentir, et quoi de plus honteux que le mensonge ! Donc, on doit regarder comme quelque chose de bas et de vil le métier de tous ceux qui vendent leur peine et leur industrie ; car quiconque donne son travail pour de l'argent se vend lui-même et se met au rang des esclaves » (1).

Prolétaires, abrutis par le dogme du travail, entendez-vous le langage de ces philosophes, que l'on vous cache avec un soin jaloux : — Un citoyen qui donne son travail pour de l'argent se dégrade au rang des esclaves, il commet un crime, qui mérite des années de prison.

La tartuferie chrétienne et l'utilitarisme capitaliste n'avaient pas perverti ces philosophes des républiques antiques ; professant pour des hommes libres, ils parlaient naïvement leur pensée. Platon, Aristote, ces penseurs géants, dont nos Cousin, nos Caro, nos Simon ne peuvent atteindre la cheville qu'en se haussant sur la pointe des pieds, voulaient que les citoyens de leurs Républiques idéales vécussent dans

(1) Cicéron. *Des devoirs* I. Tit. II. Ch XLII.

le plus grand loisir car, ajoutait Xénophon « le travail emporte tout le temps et avec lui on n'a nul loisir pour la République et les amis. » Selon Plutarque, le grand titre de Lycurgue, « le plus sage des hommes, » à l'admiration de la postérité, était d'avoir accordé des loisirs aux citoyens de la République en leur interdisant l'exercice d'un métter quelconque (1).

Mais répondront les Bastiat, les Dupanloup et les Beaulieu de la morale chrétienne et capitaliste, ces penseurs, ces philosophes préconisaient l'esclavage ! — Parfait, mais pouvait-il en être autrement, étant donné les conditions économiques et politiques de leur époque? La guerre était l'état normal des sociétés antiques; l'homme libre devait consacrer son temps à discuter les lois de l'État et à veiller à sa défense ; les métiers étaient alors trop primitifs e trop grossiers pour que les pratiquant on pût exercer son métier de soldat et de citoyen ; afin de posséder des guerriers et des citoyens, les philosophes et les législateurs devaient tolérer des esclaves dans leurs républiques héroïques. — Mais les moralistes et les économistes du Capitalisme ne préconisent-il.

(1) Platon, *Rep.* V et *les Lois* VIII ; Aristote, *Rep.* II et VII ; Xenophon *Econom.* IV et VI. Plutarque, *Vie de Lycurgue.*

pas l'esclavage moderne, le salariat ? Et à quels hommes l'esclavage capitaliste donne-t-il des loisirs ? — A des Rothschild, à des Germiny, à des Alphonses, inutiles et nuisibles, esclaves de leurs vices et de leurs domestiques.

« Le préjugé de l'esclavage dominait l'esprit d'Aristote et de Pythagore » a-t-on écrit dédaigneusement ; et cependant Aristote rêvait que : « Si chaque outil pouvait exécuter sans sommation, ou bien de lui-même, sa propre fonction comme les chefs-d'œuvres de Dédale se mouvaient d'eux-mêmes, ou comme les trépieds de Vulcain se mettaient spontanément à leur travail sacré ; si, par exemple, les navettes des tisserands tissaient d'elles-mêmes, le chef d'atelier n'aurait plus besoin d'aidés, ni le maître d'esclaves. » Le rêve d'Aristote est notre réalité. Nos machines, au souffle de feu, aux membres d'acier infatigables, à la fécondité merveilleuse, inépuisable, accomplissent docilement et d'elles-mêmes leur travail sacré, et cependant l'esprit des grands philosophes du Capitalisme reste dominé par le préjugé du salariat, le pire des esclavages. Ils ne comprennent pas encore que la machine est le rédempteur de l'humanité, le Dieu qui rachètera l'homme des *sordidæ artes* et du travail salarié, le Dieu qui lui donnera des loisirs et la liberté.

# La Religion du Capital.

# La Religion du Capital

## I

### Le Congrès de Londres

Les progrès du socialisme inquiètent les classes possédantes d'Europe et d'Amérique. Il y a quelques mois, des hommes venus de tous les pays civilisés se réunissaient à Londres, afin de rechercher ensemble les moyens les plus efficaces d'arrêter le dangereux envahissement des idées socialistes. On remarquait parmi les représentants de la bourgeoisie capitaliste de l'Angleterre, lord Salisbury, Chamberlain, Samuel Morley, lord Randolph Churchill, Herbert Spencer, le cardinal Manning. Le prince Bismarck, retenu par une crise alcoolique, avait envoyé son conseiller intime, le juif Bleischrœder. Les grands industriels et les financiers des deux mondes, Vanderbilt, Rothschild, Gould, Soubeyran, Krupp, Dollfus, Dietz-Monin, Schneider assistaient en personne, ou s'étaient fait remplacer par des hommes de confiance. Jamais on n'avait vu des personnes d'opinions et de nationalités si différentes s'entendre si fraternellement. Paul Bert s'asseyait à côté de Mgr Freppel, Gladstone serrait la main à Parnell, Clémenceau causait avec Ferry, et de Moltke discutait amicalement les chances d'une guerre de revanche avec Deroulède et Ranc.

La cause qui les réunissait, imposait silence à leurs rancunes personnelles, à leurs divisions politiques et à leurs jalousies patriotiques.

Le légat du Pape prit la parole le premier.

— On gouverne les hommes en se servant tour à tour de la force brutale et de la force de l'intelligence. La religion était, autrefois, la force magique qui dominait la conscience de l'homme; elle enseignait au travailleur à se soumettre docilement, à lâcher la proie pour l'ombre, à supporter les misères terrestres en rêvant de jouissances célestes... Mais le socialisme, l'esprit du mal des temps modernes, chasse la foi et s'établit dans le cœur des déshérités; il leur prêche qu'on ne doit pas reléguer le bonheur à l'autre monde; il leur annonce qu'il fera de la terre un paradis; il crie au salarié : « On te vole! Allons, debout, révolte-toi! » Il prépare les masses ouvrières, jadis si dociles, pour un soulèvement général qui détraquera les sociétés civilisées, abolissant les classes privilégiées, supprimant la famille, enlevant aux riches leurs biens pour les donner aux pauvres, détruisant l'art et la religion, répandant sur le monde les ténèbres de la barbarie... Comment combattre l'ennemi de toute civilisation et de tout progrès? Quelles armes opposer au socialisme? — Le prince de Bismarck, l'arbitre de l'Europe, le Nabuchodonosor qui a vaincu le Danemark, l'Autriche et la France, est vaincu par des savetiers socialistes. Les conservateurs de France immolèrent en 48 et en 71 plus de socialistes qu'on ne tua d'hérétiques le jour de la Saint-Barthélemy; et le sang de ces tueries gigantesqurs est une rosée qui fait germer le socialisme sur toute la terre. Après chaque massacre, le socialisme renaît plus vivace. Le monstre est à l'épreuve de la force brutale. Que faire?

Les savants et les philosophes de l'assemblée, Paul Bert, Hœckel, Herbert Spencer se levèrent tour à tour et proposèrent de dompter le socialisme par la science.

Mgr Freppel haussa les épaules.

— Mais votre science maudite fournit aux communistes leurs arguments les mieux trempés.

— Vous ignorez la philosophie naturaliste que nous professons, répliqua H. Spencer. Notre savante théorie de l'évolution prouve que l'infériorité sociale des ouvriers est aussi fatale que la chute des corps, qu'elle est la conséquence nécessaire des lois immuables et immanentes de la nature; nous démontrons aussi que les privilégiés des classes supérieures sont les mieux doués, les mieux adaptés, qu'ils iront se perfectionnant sans cesse et qu'ils finiront par se transformer en une race nouvelle dont les individus ne ressembleront en rien aux brutes à face humaines des classes inférieures que l'on ne peut mener que le fouet à la main (1).

— Plaise à Dieu que jamais vos théories évolutionnistes ne descendent dans les masses ouvrières; elles les enrageraient, les jetteraient dans le désespoir, ce conseiller des révoltes populaires, interrompit M. de Pressensé. Votre foi est vraiment par trop profonde, messieurs les savants du transformisme, comment pouvez-vous croire que l'on puisse opposer votre science désillusionnante aux mirages enchanteurs du socialisme, à la communauté des

(1) Nous regrettons vivement que le manque d'espace nous oblige à résumer les remarquables discours prononcés dans ce congrès qui réunissait les sommités de la science, de la religion, de la philosophie, de la finance, du commerce et de l'industrie. Nous renvoyons le lecteur à l'article où M. Spencer préconise la prison cellulaire et le fouet comme méthode de gouvernement des basses classes; il parut dans le *Contemporary Review* du mois d'avril et portait le titre de *The coming slavery* (l'esclavage lui vient). Le communisme est l'esclavage que nous prédit le célèbre philosophe bourgeois.

biens, au libre développement des facultés, que les socialistes font miroiter aux yeux des ouvriers émerveillés? Si nous voulons demeurer classe privilégiée et continuer à vivre aux dépens de ceux qui travaillent, il faut amuser l'imagination de la bête populaire par des légendes et des contes de l'autre monde. La religion chrétienne remplissait à merveille ce rôle; vous, messieurs de la libre-pensée, vous l'avez dépouillée de son prestige.

— Vous avez raison d'avouer qu'elle est déconsidérée, répondit brutalement Paul Bert, votre religion perd du terrain tous les jours. Et si nous, libre-penseurs, que vous attaquez inconsidérément, nous ne vous soutenions en dessous mains, tout en ayant l'air de vous combattre pour amuser les badauds, si nous ne votions tous les ans le budget des cultes, mais vous, et tous les curés, pasteurs et rabbins de la sainte boutique, vous crèveriez de faim. Qu'on suspende les traitements et la foi s'éteint... Mais, parce que je suis libre-penseur, parce que je me moque de Dieu et du diable, parce que je ne crois qu'à moi et aux jouissances physiques et intellectuelles que je prends, c'est pour cela que je reconnais la nécessité d'une religion, qui, comme vous le dites, amuse l'imagination de la bête humaine que l'on tond, il faut que les ouvriers croient que la misère est l'or qui achète le ciel et que le Bon Dieu leur accorde la pauvreté pour leur réserver le royaume des cieux en héritage. Je suis un homme très religieux... pour les autres. Mais, sacredieu ! pourquoi nous avoir fabriqué une religion si bêtement ridicule. Avec la meilleure volonté du monde, je ne puis avouer que je crois qu'un pigeon coucha avec une vierge et que de cette union, réprouvée par la morale et la physiologie, naquit un agneau qui se métamorphosa en un juif circoncis.

— Votre religion ne s'accorde pas avec les règles de la grammaire, ajouta Menard-Dorian, qui se pique de purisme. Un Dieu unique en trois personnes est condamné à d'éternels barbarismes, à des *je pensons, je me mouchons, je me torchons !*

— Messieurs, nous ne sommes pas ici pour discuter les articles de la foi catholique, s'interposa doucement le cardinal Manning, mais pour nous occuper du péril social. Vous pouvez, rééditant Voltaire, railler la religion, mais vous n'empêcherez pas qu'elle soit le meilleur frein moral aux convoitises et aux passions des basses classes.

— L'homme est un animal religieux, dit sentencieusement le pape du positivisme, M. Pierre Laffitte. La religion d'Auguste Comte ne possède ni pigeon, ni agneau, et, bien que notre Dieu ne soit ni à plumes, ni à poils, il est cependant un Dieu positif.

— Votre Dieu-Humanité, répliqua Huxley, est moins réel que le blond Jésus. Les religions de notre siècle sont un danger social. Demandez à M. de Giers qui nous écoute en souriant, si les sectes religieuses de formation nouvelle en Russie, aussi bien qu'aux États-Unis, ne sont pas entachées de communisme. Je reconnais la nécessité d'une religion, j'admets aussi que le christianisme, excellent encore pour les Papous et les sauvages de l'Australie, est un peu démodé en Europe ; mais s'il nous faut une religion nouvelle, tâchons qu'elle ne soit pas un plagiat du catholicisme et ne contienne nulle trace de socialisme.

— Pourquoi, interrompit Maret, heureux de glisser un mot, ne remplacerions-nous pas les vertus théologales par les vertus libérales, la Foi, l'Espérance et la Charité par la Liberté, l'Egalité et la Fraternité ?

— Et la Patrie, acheva Déroulède.

— Ces vertus libérales sont, en effet, la belle découverte religieuse des temps modernes, reprit M. de Giers ; elles ont rendu d'importants services en Angleterre, en France, aux Etats-Unis, partout, enfin, où on les a utilisées pour diriger les masses ; nous nous en servirons un jour en Russie. Vous nous avez enseigné, messieurs les occidentaux, l'art d'opprimer au nom de la Liberté, d'exploiter au nom de l'Égalité, de mitrailler au nom de la Fraternité; vous êtes nos maîtres. Mais ces trois vertus du libéralisme bourgeois ne suffisent pas à constituer une religion : ce sont tout au plus des demi-Dieux; il reste à trouver le Dieu suprême.

— La seule religion qui puisse répondre aux nécessités du moment, est la religion du Capital, déclara avec force le grand statisticien anglais, Giffen. Le Capital est le Dieu réel, présent partout, il se manifeste sous toutes les formes — il est or éclatant et poudrette puante, troupeau de moutons et cargaison de café, stock de Bibles saintes et ballots de gravures pornographiques, machines gigantesques et grosses de capotes anglaises. Le Capital est le Dieu que tout le monde connait, voit, touche, sent, goûte; il existe pour tous nos sens. Il est le seul Dieu qui n'a pas encore rencontré d'athée. Salomon l'adorait, bien que pour lui tout fût vanité; Schopenhauer lui trouvait des charmes enivrants, bien que pour lui tout fût désenchantement; Hartmann, l'inconscient philosophe, est un de ses conscients croyants. Les autres religions ne sont que sur les lèvres, mais au fond du cœur de l'homme règne la foi dans le Capital.

Bleichrœder, Rothschild, Vanderbilt, tous les

chrétiens et tous les juifs de l'Internationale jaune, battaient des mains et vociféraient :

— Giffen a raison. Le Capital est Dieu, le seul Dieu vivant !

Quand l'enthousiasme judaïque se fut un peu calmé, Giffen continua :

— Aux uns sa présence se révèle terrible ; aux autres tendre comme l'amour d'une jeune mère. Quand le Capital se jette sur une contrée, c'est une trombe qui passe, broyant et triturant hommes, bêtes et choses. Quand le Capital européen s'abattit sur l'Egypte, il empoigna et souleva de terre les fellahs avec leurs bœufs, leurs charrettes et leurs pioches, et les transporta à l'isthme de Suez ; de sa main de fer il les courba au travail, brûlés par le soleil, grelottant de fièvre, torturés par la faim et la soif : trente mille jonchèrent de leurs ossements les bords du canal. Le Capital saisit les hommes jeunes et vigoureux, alertes et bien portants, libres et joyeux ; il les emprisonne par milliers dans des usines, dans des tissages, dans des mines; là, comme le charbon dans la fournaise, il les consomme, il incorpore leur sang et leur chair à la houille, à la trame des tissus, à l'acier des machines ; il transfuse leur force vitale dans la matière inerte. Quand il les lâche, ils sont usés, cassés et vieillis avant l'âge ; ils ne sont que des carcasses inutiles que se disputent l'anémie. la scrofule, la pulmonie. L'imagination humaine, si fertile cependant en monstres terrifiants, n'aurait jamais pu enfanter un Dieu aussi cruel, aussi épouvantable, aussi puissant pour le mal. — Mais qu'il est doux, prévoyant et aimable pour ses élus. La terre ne possède pas assez de jouissances pour les privilégiés du Capital; il torture l'esprit des travailleurs pour qu'ils inventent des plaisirs nouveaux, pour qu'ils préparent des mets inconnus afin d'exciter leurs appétits blasés; il procure des vierges-enfants afin de réveiller leurs sens épuisés. Il leur livre en toute propriété les choses mortes et les êtres vivants.

Agités par l'esprit de vérité ils trépignaient et hurlaient :

— Le Capital est Dieu.

— Le Capital ne connait ni patrie, ni frontière, ni couleur, ni races, ni âges, ni sexes ; il est le Dieu international, le Dieu universel, il courbera sous sa loi tous les enfants des hommes ! s'écria le légat du pape, en proie à un transport divin. Effaçons les religions du passé ; oublions nos haines nationales et nos querelles religieuses, unissons-nous de cœur et d'esprit pour formuler les dogmes de la foi nouvelle, de la **Religion du capital.**

*
* *

Le Congrès de Londres, qui marquera dans l'histoire autant que les grands Conciles qui élaborèrent la religion catholique, tint ses séances durant deux semaines : on nomma une commission composée des représentants de toutes les nationalités, qui fut chargée de rédiger les procès-verbaux et de grouper en un corps de doctrine les opinions et les idées émises. Nous avons pu nous procurer différents travaux de cette commission que nous publions dans ce volume.

## II

### Le Catéchisme des Travailleurs

Demande. — Quel est ton nom?

Réponse. — Salarié.

D. — Que sont tes parents?

R. — Mon père était salarié, ainsi que mon grand-père et mon aïeul; mais les pères de mes pères étaient serfs et esclaves. Ma mère se nomme Pauvreté.

D. — D'où viens-tu, où vas-tu?

R. — Je viens de la pauvreté et je vais à la misère, en passant par l'hôpital, où mon corps servira de champ d'expériences aux médicaments nouveaux et de sujets d'études aux docteurs qui soignent les privilégiés du Capital.

D. — Où es-tu né?

R. — Dans une mansarde, sous les combles d'une maison que mon père et ses camarades de travail avaient bâtie.

D. — Quelle est ta religion?

R. — La religion du Capital.

D. — Quels devoirs t'impose la religion du Capital?

R. — Deux devoirs principaux : le devoir de renonciation et le devoir de travail.

Ma religion m'ordonne de renoncer à mes droits de propriété sur la terre, notre mère commune, sur les richesses de ses entrailles, sur la fertilité de sa surface, sur sa mystérieuse fécondation par la chaleur et la lumière du soleil ; — elle m'ordonne de renoncer à mes droits de propriété sur le travail de mes mains et de mon cerveau ; — elle m'ordonne encore de renoncer à mon droit de propriété sur ma propre personne ; du moment que je franchis le seuil de l'atelier, je ne m'appartiens plus, je suis la chose du maître.

Ma religion m'ordonne de travailler depuis l'enfance jusqu'à la mort, de travailler à la lumière du soleil et à la lumièse du gaz, de travailler le jour et la nuit, de travailler sur terre, sous terre et sur mer ; de travailler partout et toujours.

D. — T'impose-t-elle d'autres devoirs?

R. — Oui. De prolonger le carême pendant toute l'année ; de vivre de privations, ne contentant ma faim qu'à moitié ; de restreindre tous les besoins de ma chair et de comprimer toutes les aspirations de mon esprit.

D. — T'interdit-elle certaine nourriture?

R. — Elle me défend de toucher au gibier, à la volaille, à la viande de bœuf de première, de deuxième et de troisième qualité, de goûter au saumon, au homard, aux poissons de chair délicate; elle me défend de boire du vin naturel, de l'eau-de-vie de vin, et du lait tel qu'il sort du pis de la vache.

D. — Quelle nourriture te permet-elle?

R. — Le pain, les pommes de terre, les haricots, la morue, les harengs saurs, les rebuts de boucherie, la viande de vache, de cheval, de mulet et la charcuterie. Pour remonter rapidement mes forces épuisées, elle me permet de boire du vin falsifié, de l'eau-de-vie de pommes de terre et du *casse poitrine* de betterave.

D. — Quels devoirs t'impose-t-elle envers toi-même?

R. — De rogner mes dépenses; de vivre dans la saleté et la vermine; de porter des habits déchirés, rapiécés, reprisés; de les user jusqu'à la corde, jusqu'à ce qu'ils tombent en guenilles, de marcher sans bas, dans des souliers percés, qui boivent l'eau sale et glaciale des rues.

D. — Quels devoirs t'impose-t-elle envers ta famille?

R. — D'interdire à ma femme et à mes filles toute coquetterie, toute élégance et tout raffinement; de les couvrir d'étoffes communes, juste assez pour ne pas choquer la pudeur du sergot; de leur apprendre à ne pas greloter en hiver sous des cotonnades et à ne pas suffoquer en été dans les galetas ; d'inculquer à mes petits-enfants les sacrés principes du travail, afin qu'ils puissent dès le bas-âge gagner leur subsistance et n'être pas à la charge de la société; de leur enseigner à se coucher sans souper et sans lumière, et de les accoutumer à la misère qui est leur lot dans la vie.

D. — Quels devoirs t'impose-t-elle envers la société ?

R. — D'accroître la fortune sociale par mon travail d'abord, par mon épargne ensuite.

D. — Que t'ordonne-t-elle de faire de tes économies ?

R. — De les porter aux Caisses d'Epargne de l'Etat pour qu'elles servent à combler les déficits du budget (1) ou de les confier aux sociétés fondées par

(1) Le catéchisme fait allusion à des faits qui se passent en France, mais que sans doute ses rédacteurs désireraient voir se généraliser dans les autres pays. Les sommes déposées dans les Caisses d'épargne ont été employées à liquider la dette flottante. qui s'élevait à douze cents millions de francs; tous les ans les excédents des sorties sur les rentrées des Caisses d'épargne servent, comme dit le catéchisme, à combler les déficits du budget. M. Beaulieu signalait le danger que présentait cette situation, l'État pourrait être mis en faillite par les déposants venant réclamer leur argent.

les philanthropes de la finance pour qu'ils les prêtent à nos patrons. Nous devons toujours mettre nos économies à la disposition de nos maîtres.

D. — Te permet-elle de toucher à ton épargne?

R. — Le moins souvent possible; elle nous recommande de ne pas insister quand l'État refuse de la rendre (1) et de nous résigner quand les philanthropes de la finance devançant nos demandes, nous annoncent que nos économies se sont dissipées en fumée.

D. — As-tu des droits politiques?

R. — Le Capital m'accorde l'innocente distraction d'élire les législateurs qui forgent des lois pour nous punir; mais il nous défend de nous occuper de politique et d'écouter des socialistes.

D. — Pourquoi?

R. — Parce que la politique est le privilège des patrons, parce que les socialistes sont des coquins qui nous pillent et nous trompent. Ils nous disent que l'homme qui ne travaille pas ne doit pas manger,

Je ferai remarquer le caractère vraimant international du catéchisme capitaliste, qui formule les devoirs et les droits des prolétaires sans distinction de pays et de race.

(1) Le fait est arrivé déjà en 1848; les rédacteurs prévoient qu'il se répètera encore et veulent y préparer les ouvriers épargnistes.

que tout appartient aux salariés parce qu'ils ont produit tout, que le patron est un parasite à supprimer. La sainte religion du Capital nous apprend, au contraire, que le gaspillage des riches crée le travail qui nous donne à manger; que les riches entretiennent les pauvres; que s'il n'y avait plus de riches, les pauvres périraient. Elle nous enseigne encore à n'être pas assez bêtes pour croire que nos femmes et nos filles sauraient porter les soieries et les velours qu'elles tissent, elles qui ne veulent se parer que de méchantes cotonnades, et que nous ne saurions boire les vins naturels et manger les bons morceaux, nous qui sommes habitués à la vache enragée et aux boissons fraudées.

D. — Qui est ton Dieu?

R. — Le Capital.

D. — Est-il de toute éternité?

R. — Nos prêtres les plus savants, les économistes officiels, disent qu'il a existé depuis le commencement du monde; comme il était tout petit alors, Jupiter, Jehovah, Jésus et les autres faux Dieux ont régné à sa place et en son nom; mais depuis l'an 1,500 environ, il grandit et ne cesse de grandir en masse et en puissance; aujourd'hui il domine le monde.

D. — Ton Dieu est-il tout-puissant?

R. — Oui. Sa possession donne tous les bonheurs

de la terre. Quand il détourne sa face d'une famille et d'une nation, elles végètent dans la misère et la douleur. La puissance du Dieu-Capital grandit à mesure que sa masse s'accroît; tous les jours il conquiert de nouveaux pays; tous les jours il grossit le troupeau de salariés qui leur vie durant, sont consacrés à augmenter sa masse.

D. — Quels sont les élus de Dieu-Capital?

R. — Les patrons, les capitalistes, les rentiers.

D. — Comment le Capital, ton Dieu, te recompense-t-il?

R. — En me donnant toujours et toujours du travail, à moi, à ma femme et à mes tout petits enfants?

D. — Est-ce là ton unique récompense?

R. — Non. Dieu nous autorise a satisfaire notre faim en savourant des yeux les appétissants étalages de viandes et de provisions que nous n'avons jamais goûtées, que nous ne goûterons jamais et dont se nourrissent les élus et les prêtres sacrés. Sa bonté nous permet de réchauffer nos membres que le froid engourdit, en regardant les chaudes fourrures et les draps épais dont se couvrent les élus et les prêtres sacrés. Elle nous accorde encore le délicat plaisir de réjouir nos yeux en contemplant passer en voiture sur les boulevards et les places publiques, la tribu sainte des rentiers et des capitalistes luisants, dodus, pansus, cossus, environnés d'une tourbe de valets galonnés et de courtisanes peintes et teintes. Nous nous énorgueillissons alors en songeant que si les élus jouissent des merveilles dont nous sommes privés, elles sont l'œuvre de nos mains et de nos cerveaux.

D. — Les élus sont-ils d'une autre race que toi ?

R. — Les capitalistes sont pétris du même argile que les salariés; mais ils ont été choisis entre des milliers et des millions.

D. — Qu'ont-ils fait pour mériter cette élévation ?

R. — Rien. Dieu prouve sa toute puissance en déversant ses faveurs sur celui qui ne les a point gagnées.

D. — Le Capital est donc injuste?

R. — Le Capital est la justice même; mais sa justice dépasse notre faible entendement. Si le Capital était obligé d'accorder sa grâce à ceux qui la méritent, il ne serait point libre, sa puissance aurait des bornes. Le Capital ne peut affirmer sa toute-puissance qu'en prenant ses élus, les patrons et les capitalistes, dans le tas des incapables, des fainéants et des vauriens.

D. — Comment ton Dieu te punit-il ?

R. — En me condamnant au chômage; alors je suis excommunié : on m'interdit la viande, le vin et et le feu. Nous mourons de faim, ma femme et mes enfants.

D. — Quelles sont les fautes que tu dois commettre pour mériter l'excommunication du chômage ?

R. — Aucune. Le bon plaisir du Capital décrète le chômage sans que notre faible intelligence puisse en saisir la raison.

D. — Quelles sont tes prières?

R. — Je ne prie point avec des paroles. Le travail est ma prière. Toute prière parlée dérangerait ma prière efficace qui est le travail, la seule prière qui plaise, parce qu'elle est la seule utile, la seule qui profite au Capital, la seule qui crée de la plus-value.

D. — Où pries-tu?

R. — Partout : sur mer, sur terre et sous terre, dans les champs, dans les mines, dans les ateliers et dans les boutiques.

Pour que notre prière soit accueillie et récompensée, nous devons déposer eux pieds du Capital notre volonté, notre liberté et notre dignité.

Au son de la cloche, au sifflement de la machine nous devons accourir ; et une fois en prière, nous devons, ainsi que des automates, remuer bras et jambes, pieds et mains, souffler et suer, tendre nos muscles et épuiser nos nerfs.

Nous devons être humbles d'esprit, supporter docilement les emportements et les injures du maître et des contremaîtres, car ils ont toujours raison, même lorsqu'ils nous paraissent avoir tort.

Nous devons remercier le maître quand il rogne le salaire et prolonge la journée de travail; car tout ce qu'il fait est juste et pour notre bien. Nous devons être honorés quand le maître et ses contremaîtres carressent nos femmes et nos filles, car notre Dieu, le Capital, leur octroie le droit de vie et de mort sur les salariés ainsi que le droit de cuissage sur les salariées.

Plutôt que de laisser une plainte s'échapper de nos lèvres, plutôt que de permettre à la colère de faire bouillonner notre sang, plutôt que de jamais nous mettre en grève, plutôt que de nous révolter, nous devons endurer toutes les souffrances, manger notre pain couvert de crachats et boire notre eau souillée de boue; car pour châtier notre insolence, le Capital arme le maître de canons et de sabres, de prisons et de bagnes, de la guillotine et du peloton d'exécution.

D. — Recevras-tu une récompense après la mort ?

R. — Oui, une bien grande. Après la mort, le Capital me laissera m'asseoir et me délasser. Je ne souffrirai plus ni du froid, ni de la faim ; je n'aurai plus à m'inquiéter ni du pain du jour, ni du pain du lendemain. Je jouirai du repos éternel de la tombe.

## III

### Le Sermon de la Courtisane

(Le manuscrit qui m'a été remis est incomplet, les trois premiers feuillets manquent ; ils devaient sans doute contenir une invocation au Dieu-Capital le protecteur de ceux que l'on méprise. La règle que je me suis imposée d'être un simple copiste, m'interdit toute tentative de reconstruction.

Des notes marginales laissent supposer que le rédacteur du sermon, le légat du pape, a pris pour collaborateurs le prince de Galles, deux riches industriels connus du monde entier pour leurs soieries et leurs étoffes, MM. Bonnet et Pouyer-Quertier et une célèbre courtisane, qui fit passer par son lit la haute noce cosmopolite, Cora Pearl.)

P. L.

* * *

. . . . . . . . . . . . . . . . . . . . . . . . . . . . Les hommes qui marchent dans les ténèbres de la vie, guidés par les lueurs vacillantes de la chétive raison, raillent et insultent la courtisane ; ils la clouent ignominieusement au pilori de leur morale ; ils la soufflettent de leurs vertus de parade, ils ameutent contre elle les colères et les indignations ; elle est l'esclave du mal et la reine de la scéléralesse, la meule du pressoir de l'abrutissement, elle corrompt la jeunesse en fleurs et souille les cheveux blancs de la vieillesse; elle enlève l'époux à l'épouse, elle pompe de ses lèvres altérées et insatiables l'honneur et la fortune des familles.

O mes sœurs ! la brutale fureur et la basse envie salissent avec un fiel amer et boueux la noble image de la coutisane, et cependant, il y a bientôt dix-neuf siècles, le dernier des faux Dieux, Jésus de Nazareth, relevait de l'opprobre des hommes, Marie-Madeleine et l'asseyait au milieu des saints et des bienheureux, dans la splendeur de son paradis.

Avant la venue du Vrai-Dieu, avant la venue du Capital, les religions qui se sont disputés la terre et les Dieux qui se sont succédés dans la tête humaine, commandaient d'emprisonner l'épouse dans la gynécée e. de ne permettre qu'à l'hétaïre de mordre aux fruits de l'arbre de science et de liberté. La grande déesse de Babylone, Mylitta-Anaïtis « l'habile enchanteresse, la séduisante prostituée », ordonnait à son peuple de fidèles de l'honorer par la prostitution. Quand Bouddha, l'Homme-Dieu, venait à Vesali, il allait habiter dans la maison de la maîtresse des prostituées sacrées, devant qui se rangeaient les prêtres et les magistrats revêtus de leurs costumes de cérémonie. Jéhovah, le Dieu sinistre, logeait dans son temple les courtisanes (1).

Éclairés par la foi, les hommes des sociétés primitives déifiaient la courtisane ; elle symbolisait la force de l'éternelle nature qui crée et qui détruit.

Les pères de l'Église catholique, qui pendant des siècles amusa de ses légendes l'enfant-humanité, cherchaient l'inspiration divine dans la compagnie des prostituées. Quand le pape réunissait en concile ses prêtres et ses évêques pour discuter un dogme de la foi, guidées par le doigt de Dieu, les courtisanes de toute la chrétienté accouraient ; elles apportaient dans leurs jupes le Saint-Esprit ; elles éclairaient l'intelligence des Docteurs. Le Dieu des chrétiens arma du pouvoir de faire et de défaire les papes infaillibles, Théodora, l'impériale catin.

Le Capital, notre Seigneur, assigne à la courtisane une place encore plus élevée : ce n'est plus à des papes aux chefs branlants qu'elle commande, mais

(1) Le légat du pape fait allusion à ce verset de l'Ancien Testament. « Il (Josiah) démolit les maisons des Sodomites qui étaient dans le temple de l'Eternel et dans lesquelle les protituées tissaient des tentes (II Rois, chap. XXIII, v. 7.) Dans le temple de Myllita, les courtisanes de Babylone avaient de semblables chapelles où elles exerçaient leur saint ministère.

à des milliers d'ouvriers jeunes et vigoureux, maîtres de tous les arts et de tous les métiers : ils tissent, brodent, cousent, travaillent le bois, le fer et les métaux précieux, taillent les diamants, rapportent du fond des mers le corail et les perles, produisent au cœur de l'hiver les fleurs du printemps et les fruits de l'automne, bâtissent les palais, décorent les murailles, peignent les toiles, sculptent le marbre, écrivent des drames et des romans, composent des opéras, chantent, jouent et dansent pour occuper ses loisir et contenter ses caprices. Jamais Sémirâmis, jamais Cléopâtre, jamais ces reines puissantes n'eurent pour les servir un troupeau aussi nombreux de travailleurs, savants en tout métier, habiles en tout art.

La courtisane est la parure de la civilisation capitaliste. Qu'elle cesse d'orner la société et le peu de joie qui reste encore en ce monde ennuyé et attristé, s'évanouit ; les bijoux, les pierreries, les étoffes lamées et brodées deviennent inutiles comme des hochets ; le luxe et les arts, ces enfants de l'amour et de la beauté, sont insipides ; la moitié du travail humain perd sa valeur. Mais tant que l'on achètera et que l'on vendra, tant que le Capital restera le maître des consciences et le rémunérateur des vices et des vertus, la marchandise d'amour sera la plus précieuse et les élus du Capital abreuveront leur cœur à la coupe glaciale des lèvres peintes de la courtisane.

Si la raison n'avait pas abêti l'homme, si la foi avait ouvert les portes de son entendement, il aurait compris que la courtisane, en qui vont les luxures des riches et des puissants, est un des moteurs du Dieu-Capital pour remuer les peuples et transformer les sociétés.

Aux noirs temps du moyen-âge, alors que le Capital, notre Seigneur, semblable à l'enfant qui palpite sourdement dans le sein de la femme, s'élaborait mystérieusement dans la profondeur des choses économiques, alors que pas une bouche ne prophétisait sa naissance, alors que l'âme humaine ignorante de la venue d'un Dieu, ne tressaillait pas d'allégresse, alors cependant le Capital commençait à diriger les actions des hommes. Il souffla dans l'esprit des chrétiens d'Europe le sauvage emportement qui les précipitait sur les routes d'Asie en bandes plus serrées que des bataillons de fourmis. — En ces temps-là les chefs des hommes étaient les grossiers seigneurs féodaux, vivant dans les cuirasses comme les homards dans leur carapace; se nourissant de viandes lourdes et de boissons épaisses, n'estimant d'autres plaisirs que des coups de lance, ne connaissant d'autre luxe qu'une épée bien trempée. Pour mouvoir ces brutes, notre Dieu dut s'abaisser au niveau de leur intelligence dense comme le plomb : il leur suggéra l'idée de se croiser, de courir en Palestine délivrer les pierres d'un tombeau qui jamais n'exista. Dieu voulait les amener aux pieds des courtisanes de l'Orient, les enivrer de luxe et de jouissances, implanter dans leur cœur la passion divine, l'amour de l'or. Quand ils rentrèrent dans leurs sombres manoirs, où hululaient les hiboux, les sens encore troublés par l'or et la pourpre des fêtes, les parfums de l'Arabie et les molles caresses des courtisanes épilées, ils prirent en dégoût leurs femelles gauches et velues, filant et enfantant et ne sachant rien autre : ils rougirent de leur barbarie, et comme une jeune mère prépare le berceau de l'enfant qui va naître, ils bâtirent les villes de la Méditerranée, ils créèrent les cours ducales et royales de l'Europe, pour la venue du Dieu-Capital.

Je vous le dis en vérité, la courtisane est plus chère à notre Dieu qu'au financier l'argent de l'actionnaire ; elle est sa fille très aimée, celle qui de toutes les femmes obéit le plus docilement à sa volonté. La courtisane trafique avec ce qu'on ne peut ni peser, ni mesurer, avec la chose immatérielle qui échappe aux lois sacrées de l'échange : elle vend l'amour, comme l'épicier débite le savon et la chandelle, comme le poète détaille l'idéal. Mais en vendant l'amour la courtisane se vend; elle donne au sexe de la femme une valeur, son sexe participe alors aux qualités de notre Dieu, il devient une parcelle de Dieu, il est Capital. La courtisane incarne Dieu.

Vous êtes plus naïfs que les veaux paissant dans les prairies, ô poètes, ô dramaturges, ô romanciers, vous qui injurez la courtisane parce qu'elle n'accorde l'usage de son corps que contre argent comptant ; vous qui la traînez dans la boue parce qu'elle cote à un prix élevé ses tendresses. Vous voulez donc qu'elle profane la parcelle divine qui est son corps, qu'elle le rende plus vil que les pierres du chemin. Vous moralistes qui êtes des porcheries à engraisser les vices, vous lui reprochez de préférer l'or fin au cœur brûlant d'amour. Philosophes obtus vous prenez donc la courtisane pour un épervier se gorgeant de chair pantelante ? Vous tous que l'avarice étouffe, croyez-vous donc que la courtisane soit moins désirable parce qu'on l'achète ? N'achète-t-on pas le pain qui soutient le corps, le vin qui réjouit le cœur ? N'achète-t-on pas la conscience du député, les prières du prêtre, le courage du soldat, la science de l'ingénieur, l'honnêteté du caissier ?

Dieu-Capital maudit les prostituées, folles de leur corps, qui se vendent pour quelques francs, quelques sous aux travailleurs et aux soldats ; plus redoutable que la peste, il martyrise les brutes du plaisir des pauvres, il empoisonne la chair des chauves-souris de Vénus, il les livre aux Alphonses du ruisseau qui les battent et les pillent ; il les soumet à l'inspection de la police, ainsi que la viande pourrie des marchés.

Mais la courtisane qui possède la grâce efficace de Dieu-Capital se bouche les oreilles à vos morales et ridicules déclamations plus vaines que les cris des oies qu'on plume : elle enveloppe son âme d'une glace polaire qne le feu d'aucune passion d'amour ne fond ; car malheur, trois fois malheur à la *Dame aux Camélias*, qui se donne et ne se vend pas ; Dieu se retire de la courtisane amoureuse qui se pâme de plaisir ; si son cœur palpite, et si ses sens parlent, l'acheteur d'amour qui succède à l'amant de cœur, dépité et désappointé, au lieu d'une marchandise fraiche ne trouve qu'un corps échauffé et épuisé.

La courtisane se cuirasse d'attirante froideur, pour que sur son corps de porcelaine, où la passion ne bat de l'aile, ses acheteurs usent leurs lèvres brûlantes sans en altérer la fraîcheur ; c'est de la fermentation de leur sang qu'ils doivent tirer l'ivresse d'amour, et non de la fièvre de ses caresses et de la chaleur de ses étreintes ; car il faut que, tandis que l'acheteur mange de baisers son corps vendu, son âme libre songe à l'argent qui lui est dû. La courtisane filoute ceux qui l'achètent; elle les oblige à payer au poids de l'or le plaisir d'amour qu'ils apportent en eux. Et parce que, lorsqu'elle vend l'amour la marchandise vendue n'existe pas, notre Dieu-Capital pour qui le vol et la falsification sont les premières des vertus théologales, bénit la courtisane.

Femmes qui m'écoutez, je vous ai révélé le mystère de l'énigmatique froideur de la courtisane, de la courtisane marmoréenne qui convie la classe entière des élus du Capital au banquet de son corps et leur dit : « Prenez, mangez et buvez, ceci est ma chair et ceci est mon sang. »

*
* *

L'épouse fidèle et bonne ménagère que les gens du monde honorent en paroles mais s'empressent de fuir et de laisser se morfondre au foyer conjugal, isole l'homme de ses semblables, engendre et développe dans son sein la jalousie, cette passion antisociale, qui empoisonne de bile le sang, elle l'emprisonne dans son chez soi; elle le mure dans l'égoïsme familial. La courtisane au contraire libère l'homme du joug de la famille et des passions.

L'argent crée des distances parmi les hommes, la courtisane les rapproche, les unit. Dans son boudoir ceux que divisent l'intérêt fraternisent, un pacte secret, indéfinissable, mais profond, mais irrévocable, les lie; ils ont mangé et bu de la même courtisane; ils ont communié sur le même autel.

L'amour, la passion sauvage et brutale, qui trouble le cerveau, pousse l'homme à l'oubli et au sacrifice de ses intérêts, la courtisane le remplace par la facile, la bourgeoise, la commode galanterie vénale, qui pétille comme l'eau de seltz et n'énivre pas.

La courtisane est le présent du Dieu-Capital, elle initie ses élus aux savants raffinements du luxe et de la luxure; elle les console de leurs légitimes, ennuyeuses comme les longues pluies d'automne. Quand la vieillesse les saisit, les ride et les ratatine, éteint la flamme des yeux, enlève la souplesse des membres et la douceur de l'haleine, et les rend un objet de dégoût pour les femmes, la courtisane allège les tristesses de l'âge; sur son corps froid que rien ne rebute, ils trouvent encore le fugitif plaisir que leur or achète.

Plus agissante que les ferments qui travaillent le vin nouveau, la courtisane imprime aux richesses un vertigineux mouvement giratoire; elle lance dans la folle valse des millions, les fortunes les plus lourdes; dans ses nonchalantes mains, les mines, les usines, les banques, les rentes sur l'Etat, les vignobles et les terres à blé se dissolvent, coulent entre les doigts et se répandent dans les mille canaux du commerce et de l'industrie. La vermine qui monte à l'assaut des charognes, n'est pas plus épaisse que la nuée de domestiques, de marchands, d'usuriers, qui l'assiégent; ils tiennent béantes leurs insondables poches pour recueillir la pluie d'or qui tombe quand elle retrousse sa robe. Modèle d'abnégation, elle ruine ses amants pour enrichir les domestiques et les fournisseurs qui la volent.

Les artistes et les industriels s'endormiraient dans la grasse médiocrité, si la courtisane ne les obligeait à surchauffer leurs cervelles pour découvrir des jouissances nouvelles et des futilités inédites; car, assoiffée d'idéal, elle ne possède un objet que pour s'en dégoûter; elle ne goûte un plaisir que pour s'en rassasier.

La machine abrège-travail condamnerait les ouvrières et les ouvriers à l'oisiveté, cette mère des vices; mais élevant le gaspillage à la hauteur d'une fonction sociale, la courtisane augmente son luxe et ses exigences à mesure que la mécanique industrielle progresse, afin qu'il y ait pour les damnés du prolétariat toujours du travail, cette source des vertus.

La courtisane qui dévore les fortunes, qui gâche et qui détruit comme une armée en marche, les seigneurs de la fabrique et de la boutique l'adorent;

elle est le génie tutélaire qui entretient la vie et la vigueur du commerce et de l'industrie.

La morale de la religion du Capital plus pure et plus élevée que celles des fausses religions du passé, ne proclame pas l'égalité humaine : la minorité, l'infime minorité seule est appelée à se partager les faveurs du Capital. Le Phallus, ainsi que dans les temps primitifs, ne rend plus les hommes égaux. La courtisane ne doit pas être salie par les baisers des rustres et des manants ; car Dieu-Capital réserve pour ses élus les choses précieuses et délicates de la nature et de l'art.

La courtisane, que Dieu garde pour la joie des riches et des puissants, si elle est condamnée à soulever les voiles des hypocrisies sociales, à toucher le fond des turpitudes humaines basses à lever le cœur, elle vit dans le luxe et les fêtes ; nobles et bourgeois respectables et respectés, quémandent l'honneur de métamorphoser la Madame Tout-le-monde en Madame Quelqu'un ; et il lui arrive de clore la série de ses folles noces par une noce raisonnable. Au printemps de ses jours les capitalistes déposent à ses pieds leur cœur qu'elle dédaigne et leurs trésors qu'elle dissipe ; les artistes et les littérateurs voltigent autour d'elle, l'adulant d'hommages serviles et intéressés. A l'automne de ses ans, lasse et de graisse épaissie, elle ferme boutique et ouvre maison. et les hommes graves et les femmes prudes l'entourent de leur amitié et de leurs soins empressés, afin d'honorer la fortune qui récompense son travail sexuel.

Dieu comble la courtisane de ses grâces ; à celle que l'imprévoyante nature n'a pas dotée de beauté et d'esprit, il donne du *chic*, du *montant*, du *chien*, qui séduisent et captivent l'âme distinguée des privilégiés du Capital.

Dieu la met à l'abri des faiblesses de son sexe. La nature marâtre condamne la femme au dur labeur de la reproduction de l'espèce : mais les lancinantes douleurs qui tenaillent le sein des mères ne sont infligées qu'à l'amante, qu'à l'épouse. Dieu, dans sa bonté, épargne à la courtisane les maculatures et les déformations de la gestation et le travail de l'enfantement : il lui accorde la stérilité, cette grâce si enviée. C'est l'amante, c'est l'épouse qui doivent implorer la vierge Marie et lui adresser la fervente prière de la femme adultère : — « O vierge sainte, qui avez conçu sans péché, faites que je pèche sans concevoir. » — La courtisane appartient au troisième sexe ; elle laisse à la femme vulgaire la sale et pénible besogne d'enfanter l'humanité. (1)

(1) Les rédacteurs du sermon se sont inspirés de la pensée d'Auguste Comte. Le fondateur du positivisme pré-

Le hasard recrute les courtisanes dans les basses classes de la société. N'est-ce pas une honte et un crève-cœur de voir celles qui occupent un rang si élevé dans le monde, sortir de la crotte?

Femmes qui m'écoutez, vous appartenez aux classes supérieures, souvenez-vous que l'ancienne noblesse reprochait à Louis XV de prendre ses concubines dans la roture; réclamez comme un de vos plus précieux privilèges le droit et l'honneur de fournir les courtisanes des élus du Capital. Déjà beaucoup d'entre vous, méprisant les tristes devoirs de l'épouse, se vendent comme les courtisanes; mais elles trafiquent de leur sexe timidement, hypocritement. Imitez l'exemple des honorables matrones de l'ancienne Rome qui se faisaient inscrire chez les édiles pour exercer le métier de prostituées; secouez, jetez à terre et foulez aux pieds des préjugés idiots et démodés qui ne conviennent qu'à des esclaves. Le Dieu-Capital apporte au monde une morale nouvelle; il proclame le dogme de la Liberté humaine : sachez que l'on n'obtient la liberté, qu'en conquérant le droit de se vendre. Libérez-vous de l'esclavage conjugal, en vous vendant.

Dans la société capitaliste, il n'est pas de travail

disait la formation d'une race supérieure de femmes, débarrassées de la gestation et de la parturition. La courtisane réalise en effet l'idéal du bourgeois philosophe.

plus honorable que celui de la courtisane. Tenez, regardez le travail de l'ouvrière et contemplez ensuite celui de la courtisane. A la fin de sa longue et monotone journée, l'ouvrière méprisée, pâlie et courbaturée ne tient dans sa main amaigrie que le modique salaire qui l'empêche de mourir de faim. La courtisane joyeuse comme un jeune dieu, se lève de son lit ou de son canapé et secouant sa chevelure parfumée, elle compte négligemment des louis d'or et des billets de banque. Son travail ne laisse sur son corps ni fatigue, ni souillure; elle rince sa bouche et s'essuie les lèvres et dit en souriant : à un autre !

Philosophes ruminants, qui sans relâche mâchez et remâchez les préceptes surannés de l'antique morale, dites-nous donc quelle besogne est plus agréable à notre Dieu-Capital, celle de l'ouvrière ou celle de la courtisane?

Le Capital marque son estime pour une marchandise, par le prix auquel il permet qu'elle se vende. Allons, moralistes cafards. trouvez donc dans l'innombrable série des occupations humaines, un travail de la main ou de l'intelligence, qui reçoive un salaire aussi rémunérateur que celui du sexe? La science du savant, le courage du soldat, le génie de l'écrivain, l'habileté de l'ouvrier, ont-ils été jamais autant payés que les baisers de Cora Pearl?

Le travail de la courtisane est le travail sacré, celui que Dieu-Capital récompense par dessus tous les autres.

Mes très chères sœurs, écoutez-moi, écoutez-moi, Dieu parle par ma bouche :

Si vous êtes assez abandonnées de Dieu, pour ne pas abhorrer le travail accablant de l'ouvrière qui déforme le corps et qui tue l'intelligence, ne vous prostituez pas ;

Pour ambitionner l'existence végétative de la ménagère, cloîtrée dans la famille et condamnée à l'économie sordide, ne vous prostituez pas ;

Pour vouloir vivre solitaire au foyer conjugal, délaissée par l'époux, qui mange votre dot avec la courtisane, ne vous prostituez pas ;

Mais si vous avez souci de votre liberté, de votre dignité, de votre gloire et de votre bonheur sur terre, prostituez-vous ;

Si vous avez trop de fierté dans l'âme pour accepter sans révolte le travail dégradant de l'ouvrière et la vie abêtissante de la ménagère, prostituez-vous.

Si vous voulez être la reine des fêtes et des plaisirs de la civilisation, prostituez-vous ;

C'est la grâce que je vous souhaite : Amen !

## IV

## L'Ecclésiaste
## ou le Livre du Capitaliste

Ce livre a circulé entre les mains de plusieurs capitalistes qui l'ont lu et annoté; voici quelques-unes de leurs annotations :

« Il est certain que ces préceptes de la sagesse divine seraient mal interprétés par l'intelligence grossière des salariés. Je suis d'avis qu'on les traduise en volapük ou toute autre langue sacrée. »

*Signé* : JULES SIMON.

« Il faudrait imiter les docteurs judaïques qui interdisaient aux profanes la lecture de *l'Ecclésiaste* de l'ancien Testament et ne communiquer le *Livre du Capitaliste* qu'aux initiés possédant un million. »

*Signé* : BLEICHROEDER.

« Un million de francs ou de marks me semble une somme bien misérable, je propose un million de dollars ».

*Signé* : JAY GOULD.

### I. — NATURE DU DIEU CAPITAL

1. — Médite les paroles du Capital, ton Dieu.

2. — Je suis le Dieu mangeur d'hommes; je m'attable dans les ateliers et je consomme les salariés.

Je transubstantie en capital divin la vie chétive du travailleur. Je suis l'infini mystère : ma substance éternelle n'est que périssable chair; ma toute puissance que faiblesse humaine. La force inerte du Capital est la force vitale du salarié.

3. — Principe des principes : par moi débute toute production, à moi aboutit tout échange.

4. — Je suis le Dieu vivant, présent en tous lieux : les chemins de fer, les hauts-fourneaux, les grains de blé, les navires, les vignobles, les pièces d'or et d'argent sont les membres épars du Capital universel.

5. — Je suis l'âme incommensurable du monde civilisé, au corps varié et multiple à l'infini. Je vis dans ce qui s'achète et se vend ; j'agis dans chaque marchandise et pas une n'existe en dehors de mon unité vivante.

6. — Je resplendis dans l'or et je pue dans le fumier; je réjouis dans le vin et je corrode dans le vitriol.

7. — Ma substance qui s'accroît continuellement coule fleuve invisible, à travers la matière; divisée et subdivisée au-delà de toute imagination, elle s'emprisonne dans les formes spéciales revêtues par chaque marchandise et, sans me lasser, je me transvase d'une marchandise dans une autre : pain et viande aujourd'hui, demain force-travail du produc-

teur, après-demain, lingot de fer, pièce de calicot, œuvre dramatique, quintal de suif, sac de poudrette. La transmigration du Capital jamais ne s'arrête. Ma substance ne meurt pas ; mais ses formes sont périssables, — elles finissent et passent.

8. — L'homme voit, touche, sent et goûte mon corps, mais mon esprit plus subtil que l'éther est insaisissable aux sens. Mon esprit est le Crédit ; pour se manifester, il n'a pas besoin de corps.

9. — Chimiste plus savant que Berzélius, que Gerhardt, mon esprit transmute les vastes champs, les colossales machines, les métaux pesants et les troupeaux mugissants en actions de papier ; et plus légers que des balles de sureau, animées par l'électricité, les canaux et les hauts-fourneaux, les mines et les usines bondissent et rebondissent de mains en mains dans la Bourse, mon temple sacré.

10. — Sans moi, rien ne se commence, ni ne s'achève dans les pays que gouverne la Banque. Je féconde le travail ; je domestique au service de l'homme les forces irrésistibles de la nature et je mets en sa main le puissant levier de la science accumulée.

11. — J'enlace les sociétés dans le réseau d'or du commerce et de l'industrie.

12. — L'homme qui ne me possède pas, qui n'a pas de Capital, marche nu dans la vie, environné d'enne-

mis féroces et armés de tous les instruments de torture et de mort.

13. — L'homme qui n'a pas de Capital, s'il est fort comme le taureau, on charge ses épaules d'un plus lourd fardeau; s'il est laborieux, comme la fourmi, on double sa tâche; s'il est sobre comme l'âne, on réduit sa pitance.

14. — Que sont la science, la vertu et le travail sans le Capital? — Vanité et rongement d'esprit.

15. — Sans la grâce du Capital, la science égare l'homme dans les sentiers de la folie; le travail et la vertu le précipitent dans l'abîme de la misère.

16. — Ni la science, ni la vertu, ni le travail ne satisfont l'esprit de l'homme; c'est moi, le Capital, qui nourris la meute affamée de ses appétits et de ses passions.

17. — Je me donne et je me reprends selon mon bon plaisir et je ne rends pas de compte. Je suis l'Omnipotent qui commande aux choses qui vivent et aux choses qui sont mortes.

## II. — L'ÉLU DU CAPITAL

1. — L'homme, cet infect amas de matière, vient au monde nu comme un ver et renfermé dans une boîte, comme un pantin, il va pourrir sous terre et sa pourriture engraisse l'herbe des champs.

2. — Et pourtant, c'est ce sac d'ordures et de

puanteur que je choisis pour me représenter, moi le Capital, moi la chose la plus sublime qui existe sous le soleil.

3. — Les huîtres et les escargots ont une valeur par les qualités de leur nature de brute ; le capitaliste ne compte que parce que je le choisis pour mon élu ; il ne vaut que par le Capital qu'il représente.

4. — J'enrichis le scélérat nonobstant sa scélératesse ; j'appauvris le juste nonobstant sa justice. J'élis qui me plaît.

5. — Je choisis le capitaliste, ni pour son intelligence, ni pour sa probité, ni pour sa beauté, ni pour sa jeunesse. Son imbécilité, ses vices, sa laideur et sa décrépitude sont autant de témoins de mon incalculable puissance.

6. — Parce que j'en fais mon élu, le capitaliste incarne la vertu, la beauté, le génie. Les hommes trouvent sa sottise spirituelle, ils affirment que son génie n'a que faire de la science des pédants ; les poètes lui demandent l'inspiration, et les artistes reçoivent à genoux ses critiques comme les arrêts du goût ; les femmes jurent qu'il est le Don Juan idéal ; les philosophes érigent ses vices en vertus ; les économistes découvrent que son oisiveté est la force motrice du monde social.

7. — Un troupeau de salariés travaille pour le ca-

pitaliste qui boit, mange, paillarde et se repose de son travail du ventre et du bas-ventre.

8. — Le capitaliste ne travaille ni avec la main, ni avec le cerveau.

9. — Il a un bétail mâle et femelle pour labourer la terre, forger les métaux et tisser les étoffes ; il a des directeurs et des contremaîtres pour diriger les ateliers, et des savants pour penser. Le capitaliste se consacre au travail des latrines ; il boit et mange pour produire du fumier.

10. — J'engraisse l'élu d'un bien-être perpétuel ; car qu'y a-t-il de meilleur et de plus réel sur terre que de boire, manger, paillarder et se réjouir ? — Le reste n'est que vanité et rongement d'esprit.

11. — J'adoucis les amertumes et j'enlève les peines de toutes choses pour que la vie soit aimable et agréable à l'élu.

12. — La vue a son organe, l'odorat, le toucher, le goût, l'ouïe, l'amour ont aussi leurs organes. Je ne refuse rien de ce que désirent les yeux, la bouche et les autres organes de l'élu.

13. — La vertu est à double face : la vertu du capitaliste est de se contenter ; la vertu du salarié de se priver.

14. — Le capitaliste prend sur terre ce qui lui plaît ; il est le maître. S'il est blasé des femmes, il réveillera ses sens avec des vierges-enfants.

15. — Le capitaliste est la loi. Les législateurs rédigent les Codes selon sa convenance, et les philosophes accomodent la morale selon ses mœurs. Ses actions sont justes et bonnes. Tout acte qui blesse ses intérêts est crime et sera puni.

16. — Je garde pour les élus un bonheur unique, ignoré des salariés. — Faire des profits est la joie suprême. — Si l'élu qui encaisse des bénéfices, perd sa femme, sa mère, ses enfants, son chien et son honneur, il se résigne. Ne plus réaliser des profits est le malheur irréparable, dont jamais le capitaliste ne se console.

## III. — DEVOIRS DU CAPITALISTE

### § 1

1. — Beaucoup sont appelés, et peu sont élus; tous les jours, je réduis le nombre de mes élus.

2. — Je me donne aux capitalistes et je me partage entre eux; chaque élu reçoit en dépôt une parcelle du Capital unique; et il n'en conserve la jouissance que s'il l'accroît, que s'il lui fait faire des petits. Le Capital se retire des mains de celui qui ne remplit pas sa loi.

3. — J'ai choisi le capitaliste pour extraire de la plus-value; accumuler des profits est sa mission..

4. — Afin d'être libre et à l'aise dans la chasse aux

bénéfices, le capitaliste brise les liens de l'amitié et de l'amour; il ne connaît ni ami, ni frère, ni mère, ni femme, ni enfants, là où il y a un gain à réaliser.

5. — Il s'élève au-dessus des vaines démarcations qui parquent les mortels dans une patrie et dans un parti; avant d'être Russe ou Polonais, Français ou Prussien, Anglais ou Irlandais, blanc ou noir, l'élu est exploiteur; il n'est monarchiste ou républicain, conservateur ou radical, catholique ou libre-penseur, que par-dessus le marché. L'or a une couleur; mais devant lui, les opinions des capitalistes n'ont poin de couleur.

6. — Le capitaliste embourse avec la même indifférence l'argent mouillé de larmes, l'argent tâché de sang, l'argent souillé de boue.

7. — Il ne sacrifie pas aux préjugés vulgaires. Il ne fabrique pas pour livrer des marchandises de bonne qualité, mais pour produire des marchandises rapportant de gros bénéfices. Il ne fonde pas des so ciétés financières pour distribuer des dividendes, mais pour s'emparer des capitaux des actionnaires; car les petits capitaux appartiennent aux grands, et, au-dessus d'eux, il y a des capitaux plus grands encore qui les surveillent pour les dévorer dans le temps. Telle est la loi du Capital.

8. — En élevant l'homme à la dignité de capita-

liste, je lui transmets une partie de ma toute-puissance sur les hommes et les choses.

9. — Le capitaliste doit dire : — la société, c'est moi ; la morale. c'est mes goûts et mes passions ; la loi, c'est mon intérêt.

10. — Si un seul capitaliste est lésé dans ses intérêts, la société tout entière est en souffrance ; car l'impossibilité d'accroître le Capital est le mal des maux ; le mal contre lequel il n'existe pas de remède.

11. — Le capitaliste fait produire et ne produit pas ; fait travailler et ne travaille pas ; toute occupation manuelle ou intellectuelle lui est interdite, elle le détournerait de sa mission sacrée : l'accumulation des profits.

12. — Le capitaliste ne se métamorphose pas en écureuil idéologique, tournant une roue qui ne mout que du vent.

13. — Il se soucie fort peu que les cieux racontent la gloire de Dieu ; il ne recherche pas si la cigale chante avec son derrière ou avec ses ailes et si la fourmi est une capitaliste (1).

(1) L'auteur de l'Ecclésiaste capitaliste fait sans doute allusion à ces économistes, ennuyeux diseurs de billevesées, qui déclarent que le capital est antérieur à l'homme, puisque la fourmi, en accumulant des provisions, fait acte de capitaliste.

14.— Il ne s'inquiète ni du commencement, ni de la fin des choses, il ne s'occupe que de leur faire rapporter des bénéfices.

15. — Il laisse les théologiens de l'économie officielle pérorer sur le monométallisme et le bimétallisme ; mais il empoche, sans distinction, les pièces d'or et d'argent à sa portée.

16. — Il abandonne aux savants qui ne sont bons qu'à cela, l'étude des phénomènes de la nature et aux inventeurs l'application industrielle des forces naturelles, mais il s'empresse d'accaparer leur découvertes dès qu'elles deviennent exploitables.

17. — Il ne se fatigue pas le cerveau pour savoir si le Beau et le Bon sont une seule même chose ; mais il se régale des truffes si bonnes à manger et plus laides à voir que les excréments du cochon.

18. — Il applaudit aux discours sur les vérités éternelles, mais il gagne de l'argent avec les falsifications du jour.

19. — Il ne spécule pas sur l'essence de la vertu, de la conscience et de l'amour ; mais il spécule sur leur vente et leur achat.

20. — Il ne recherche pas si la Liberté est bonne en soi ; il prend toutes les libertés pour n'en laisser que le nom aux salariés.

21. — Il ne discute pas si le droit prime la force,

car il sait qu'il a tous les droits, puisqu'il possède le Capital.

22. — Il n'est ni pour ni contre le suffrage universel, ni pour ni contre le suffrage restreint, il se sert des deux : il achète les électeurs du suffrage restreint et dupe ceux du suffrage universel. S'il doit opter il se prononce pour ce dernier, comme étant le plus économique : car s'il est obligé d'acheter les électeurs et les élus du suffrage restreint, il lui suffit d'acheter les élus du suffrage universel.

23.—Il ne se mêle pas aux parlotages sur le libre-échange et sur la protection : il est tour à tour libre-échangiste et protectionniste suivant les convenances de son commerce et de son industrie.

24. — Il n'a aucun principe : pas même le principe de n'avoir pas de principes.

## § 2.

25. — Le capitaliste est dans ma main la verge d'airain pour mener l'indocile troupeau des salariés.

26. — Le capitaliste étouffe dans son cœur tout sentiment humain, il est sans pitié; il traite son semblable plus durement que sa bête de somme. Les hommes, les femmes et les enfants ne lui apparaissent que comme des machines à profit. Il bronze son cœur, pour que ses yeux contemplent les misères

des salariés et pour que ses oreilles entendent leurs cris de rage et de douleur et ne palpite pas.

27. — Telle une presse hydraulique descend lentement, infailliblement, réduisant au plus mince volume, au plus parfait dessèchement la pulpe soumise à son action; tel pressant et tordant le salarié, le capitaliste extrait le travail que contiennent ses muscles et ses nerfs; chaque goutte de sueur qu'il essore se métamorphose en capital. Quand usé et épuisé le salarié ne rend plus sous sa torsion le surtravail qui fabrique de la plus-value, il le jette dans la rue comme les rognures et les balayures des cuisines.

28. — Le capitaliste qui épargne le salarié me trahit et se trahit.

29. — Le capitaliste mercantilise l'homme, la femme et l'enfant, afin que celui qui ne possède ni suif, ni laine, ni marchandises quelconque ait au moins quelque chose à vendre, sa force musculaire, son intelligence, sa conscience. Pour se transformer en capital, l'homme doit auparavant devenir marchandise.

30. — Je suis le Capital, le maître de l'univers, le capitaliste est mon représentant : devant lui les hommes sont égaux, tous également courbés sous son exploitation. Le manœuvre qui loue sa force, l'ingénieur qui offre son intelligence, le caissier qui

vendon honnêteté, le député qui trafique de sa conscience, la fille de joie qui prête son sexe, sont pour le capitaliste des salariés à exploiter.

31. — Il perfectionne le salarié : il l'oblige à reproduire sa force-travail avec une nourriture grossière et falsifiée, pour qu'il la vende meilleur marché, et il le force à acquérir l'ascétisme de l'anachorète, la patience de l'âne et l'assiduité au travail du bœuf.

32. — Le salarié appartient au capitaliste : il est sa bête de travail, son bien, sa chose. Dans l'atelier où l'on ne doit s'apercevoir ni quand le soleil se lève, ni quand la nuit commence, il braque sur l'ouvrier cent yeux vigilants, pour qu'il ne se détourne de sa tâche ni par un geste, ni par une parole.

33. — Le temps du salarié est de l'argent : chaque minute qu'il perd est un vol qu'il commet.

34. — L'oppression du capitaliste suit le salarié comme son ombre jusque dans son taudis, car il ne doit pas se corrompre l'esprit par des lectures et des discours socialistes, ni se fatiguer le corps par des amusements. Il doit rentrer chez lui en sortant de l'atelier, manger et se coucher afin d'apporter le lendemain à son maître un corps frais et dispos et un esprit résigné.

35. — Le capitaliste ne reconnaît au salarié aucun

droit, pas même le droit à l'esclavage, qui est le droit au travail.

36. — Il dépouille le salarié de son intelligence et de son habileté de main et les transporte aux machines qui ne se révoltent pas.

IV. — MAXIMES DE LA SAGESSE DIVINE

1. — Le matelot est assailli par la tempête ; le mineur vit entre le grisou et les éboulements, l'ouvrier se meut au milieu des roues et des courroies de la machine de fer; la mutilation et la mort se dressent devant le salarié qui travaille : le capitaliste qui ne travaille pas est à l'abri de tout danger.

2. — Le travail éreinte, tue et n'enrichit pas : on amasse de la fortune, non pas en travaillant, mais en faisant travailler les autres,

3. — La propriété est le fruit du travail et la récompense de la paresse.

4. — On ne tire pas du vin d'un caillou, ni des profits d'un cadavre : on n'exploite que les vivants. Le bourreau qui guillotine un criminel fraude le capitaliste d'un animal à exploiter (1).

(1) L'Ecclésiaste nous révèle la raison capitaliste de la campagne pour l'abolition de la peine de mort menée avec tant de fracas par Victor Hugo et les autres charlatans de l'humanitarisme.

5. — L'argent et tout ce qui rapporte n'ont point d'odeur.

6. — L'argent rachète ses qualités honteuses par sa quantité.

7. — L'argent tient lieu de vertu à celui qui possède.

8. — Un bienfait n'est pas un bon placement portant intérêt.

9. — En se couchant mieux vaut se dire j'ai fait une bonne affaire qu'une bonne action.

10. — Le patron qui fait travailler les salariés quatorze heures sur vingt-quatre ne perd pas sa journée.

11. — N'épargne ni le bon, ni le mauvais ouvrier, car le bon comme le mauvais cheval a besoin de l'éperon.

12. — L'arbre qui ne donne pas de fruits doit être arraché et brûlé; l'ouvrier qui ne porte plus de profits doit être condamné à la faim.

13. — L'ouvrier qui se révolte, nourris le avec du plomb.

14.— La feuille du mûrier prend plus de temps à se transformer en satin que le salarié en capital.

15. — Voler en grand et restituer en petit, c'est la philanthropie.

16. — Faire coopérer les ouvriers à l'édification de sa fortune, c'est la coopération.

17. — Prendre la plus grosse part des fruits du travail, c'est la participation.

18. — Le capitaliste, libertaire fanatique, ne pratique pas l'aumône ; car elle enlève au sans-travail la liberté de mourir de faim.

19. — Les hommes ne sont rien de plus que des machines à produire et à consommer : le capitaliste achète les uns et court après les autres.

20. — Le capitaliste a deux langues dans sa bouche, l'une pour acheter et l'autre pour vendre.

21. — La bouche qui ment donne la vie à la bourse.

22. — La délicatesse et l'honnêteté sont les poisons des affaires.

23. — Voler tout le monde ce n'est voler personne.

24. — Démontre que l'homme est capable de dévouement ainsi que le caniche, en te dévouant à toi-même.

25. — Méfie-toi du malhonnête homme, mais ne te fie pas à l'homme honnête.

26. — Promettre prouve de la bonhomie et de l'urbanité, mais tenir sa promesse dénote de la faiblesse mentale.

27. — Les pièces de monnaie sont frappées à l'effigie du souverain ou de la République, parce

que, comme les oiseaux du ciel, elles n'appartiennent qu'à celui qui les attrape.

28. — Les pièces de cent sous se relèvent toujours après être tombées, même dans l'ordure.

29. — Tu t'inquiètes de beaucoup de choses, tu te crées bien des soucis, tu t'efforces d'être honnête, tu ambitionnes le savoir, tu brigues les places, tu recherches les honneurs; et tout cela n'est que vanité et pâture de vent; une seule chose est nécessaire : — le Capital, encore le Capital.

30. — La jeunesse se fane, la beauté se flétrit, l'intelligence s'obscurcit, l'or, seul, ne se ride, ni ne vieillit.

31. — L'argent est l'âme du capitaliste et le mobile de ses actions.

32. — Je le dis en vérité, il y a plus de gloire à être un portefeuille bourré d'or et de billets de banque, qu'un homme plus chargé de talents et de vertus que l'âne portant des légumes au marché.

33. — Le génie, l'esprit, la pudeur, la probité, la beauté n'existent que parce qu'ils ont une valeur vénale.

34. — La vertu et le travail ne sont utiles que chez autrui.

35. — Il n'y a rien de meilleur pour les capitalistes que de boire, manger et paillarder : c'est aussi

ce qui lui restera de plus certain quand il aura terminé ses jours.

36. — Tant qu'il demeure parmi les hommes qu'éclaire et que réchauffe le soleil, le capitaliste doit jouir et se réjouir, car on ne vit pas deux fois la même heure et on n'échappe pas à la méchante et à la vilaine vieillesse qui saisit l'homme par la tête et le pousse dans le tombeau.

37. — Au sépulcre où tu vas, tes vertus ne t'accompagneront pas; tu ne trouveras que des vers.

38. — Hors un ventre plein et digérant gaillardement et des sens robustes et satisfaits, il n'y a que vanité et rongement d'esprits.

### V. — ULTIMA VERBA

1. — Je suis le Capital, le roi du monde.

2. — Je marche escorté du mensonge, de l'envie, de l'avarice, de la chicane et du meurtre. J'apporte la division dans la famille et la guerre dans la cité. Je sème part où je passe, la haine, le désespoir, la misère et les maladies.

3. — Je suis le Dieu implacable. Je me plais au milieu des discordes et des souffrances. Je torture les salariés et je n'épargne pas les capitalistes mes élus.

4. — Le salarié ne peut m'échapper : si pour me fuir, il franchit les montagnes, il me trouve par delà

les monts ; s'il traverse les mers, je l'attends sur le rivage où il débarque. Le salarié est mon prisonnier et la terre est sa prison.

5.— Je gorge les capitalistes d'un bien-être lourd, bête et riche en maladies. J'émascule corporellement et intellectuellement mes élus : leur race s'éteint dans l'imbécilité et l'impuissance.

6. — Je comble les capitalistes de tout ce qui est désirable et je les châtre de tout désir. Je charge leurs tables de mets appétissants et je supprime l'appétit. Je garnis leurs lits de femmes jeunes et expertes en caresses et j'engourdis leurs sens. Tout l'univers leur est fade, fastidieux et fatigant : ils baillent leur vie; ils invoquent le néant et l'idée de la mort les transit de peur.

7. — Quand c'est mon plaisir et sans que la raison des hommes sonde mes raisons, je frappe mes élus, je les précipite dans la misère, la géhenne des salariés.

8. — Les capitalistes sont mes instruments. Je me sers d'eux comme d'un fouet aux mille lanières pour flageller le stupide troupeau des salariés. J'élève mes élus au premier rang de la société et je les méprise.

9. — Je suis le Dieu qui conduit les hommes et confond leur raison.

10. — Le poète des temps antiques a prédit l'ère

du Capitalisme, il a dit : « Maintenant les maux sont *mêlés de bien*; mais un jour, il n'y aura plus ni liens de famille, ni justice, ni vertu. Aïdos et Némésis remonteront au ciel et le mal sera sans remède. » (1) Les temps annoncés sont arrivés : ainsi que les monstres voraces des mers et les bêtes féroces des bois, les hommes s'entre-dévorent sauvagement.

11. — Je ris de la sagesse humaine.

« Travaille, et la disette te fuira; travaille, et tes greniers s'empliront de provisions, » disait la sagesse antique.

J'ai dit :

« Travaille, et la gêne et la misère seront tes fidèles compagnes ; travaille, et tu videras ta maison au Mont-de-piété. »

12. — Je suis le Dieu qui bouleverse le empires : je courbe sous mon joug égalitaire les superbes; je broie l'insolente et égoïste individualité humaine; je façonne l'imbécile humanité pour l'égalité. J'accouple et j'attelle les salariés et les capitalistes à l'élaboration du moule communiste de la future société·

(1) Cette prédiction des temps capitalistes plus véridique que celle des prophètes annonçant la venue de Jésus se trouve dans *les Travaux et les Jours* d'Hésiode.

13. — Les hommes ont chassé des cieux Brahma, Jupiter, Jehovah, Jésus, Allah ; je me suicide.

14. — Lorsque le Communisme sera la loi de la société, le règne du Capital, le Dieu qui incarne les générations du passé et du présent, sera fini. Le Capital ne dominera plus le monde : il obéira au travailleur, qu'il hait. L'homme ne s'agenouillera plus devant l'œuvre de ses mains et de son cerveau ; il se redressera sur ses pieds et debout il regardera la nature, en maître.

15. — Le Capital sera le dernier des Dieux.

# V

## PRIÈRES CAPITALISTES

### I. — ORAISON DOMINICALE

Capital, notre père, qui êtes de ce monde, Dieu tout-puissant, qui changez le cours des fleuves et percez les montagnes, qui séparez les continents et unissez les nations ; créateur des marchandises et source de vie, qui commandez aux rois et aux sujets, aux patrons et aux salariés, que votre règne s'établisse sur toute la terre.

Donnez-nous beaucoup d'acheteurs prenant nos marchandises, les mauvaises et aussi les bonnes ;

Donnez-nous des travailleurs misérables acceptant sans révolte tous les travaux et se contentant du plus vil salaire ;

Donnez-nous des gogos croyant en nos prospectus ;

Faites que nos débiteurs payent intégralement leurs dettes (1) et que la Banque escompte notre papier ;

(1) Le *Pater noster* des chrétiens, rédigé par des mendiants et des vagabonds pour de pauvres diables accablés de dettes, demandait à Dieu la remise des dettes : *dimite*

Faites que Mazas ne s'ouvre jamais pour nous et écartez de nous la faillite ;

Accordez-nous des rentes perpétuelles.

*Amen.*

II. — CREDO

Je crois au Capital qui gouverne la matière et l'esprit ;

Je crois au Profit, son fils très légitime et au Crédit, le Saint-Esprit, qui procède de lui et est adoré conjointement ;

Je crois à l'Or et à l'Argent, qui, torturés dans l'Hôtel de la Monnaie, fondus au creuset et frappés au balancier, reparaissent au monde Monnaie légale, et qui trouvés trop pesants, après avoir circulé sur

*nobis debita nostra*, dit le texte latin. Mais quand des propriétaires et des usuriers se convertirent au christianisme, les pères de l'Église trahirent le texte primitif et traduisirent impudemment *debita* par péchés, offenses. Tertullien, docteur de l'Église et riche propriétaire, qui sans doute possédait des créances sur une foule de personnes, écrivit une dissertation sur l'*Oraison dominicale* et soutint qu'il fallait entendre le mot *dettes* dans le sens de péchés, les seules dettes que les chrétiens absolvent. La religion du Capital, en progrès sur la religion catholique devait réclamer l'intégral payement des dettes : le crédit étant l'âme des transactions capitalistes.

la terre entière, descendent dans les caves de la Banque pour ressusciter Papier-monnaie;

Je crois à la Rente cinq pour cent, au quatre et au trois pour cent également et à la Cote authentique des valeurs;

Je crois au Grand-Livre de la Dette publique, qui garantit le Capital des risques du commerce, de l'industrie et de l'usure.

Je crois à la Propriété individuelle, fruit du travail des autres et à sa durée jusqu'à la fin des siècles;

Je crois à la nécessité de la Misère pourvoyeuse de salariés et mère de surtravail;

Je crois à l'Éternité du Salariat qui débarrasse le travailleur des soucis de la propriété;

Je crois à la Prolongation de la journée de travail et à la Réduction des salaires et aussi à la Falsification des produits;

Je crois au dogme sacré : ACHETER BON MARCHÉ ET VENDRE CHER ; et pareillement je crois aux principes éternels de notre très sainte Église, l'Économie politique officielle.

*Amen.*

III. — SALUTATION

(*Ave Miseria*)

Salut, Misère, qui écrasez et qui domptez le travailleur, qui déchirez ses entrailles par la faim, tourmenteuse infatigable, qui le condamnez à vendre sa liberté et sa vie pour une bouchée de pain; qui brisez l'esprit de révolte, qui infligez au producteur, à sa femme et à ses enfants les travaux forcés des bagnes capitalistes, salut, Misère, pleine de grâces.

Vierge sainte, qui engendrez le Profit capitaliste, déesse redoutable qui nous livrez la classe avilie des salariés, soyez bénie.

Mère tendre et féconde de Surtravail, génératrice de rentes, veillez sur nous et les nôtres.

*Amen.*

## IV. — ADORATION DE L'OR

Or, marchandise miraculeuse, qui porte en toi les autres marchandises;

Or, marchandise primigène, en qui se convertit toute marchandise;

Dieu qui sait tout mesurer,

Toi, la très parfaite, la très idéale matérialisation du Dieu Capital,

Toi, le plus noble, le plus magnifique élément de la nature,

Toi, qui ne connais ni la moisissure, ni les charançons, ni la rouille;

Or, inaltérable marchandise, fleur flamboyante, rayon radieux, soleil resplendissant; métal toujours vierge, qui, arraché des entrailles de la terre, la mère antique des choses, retourne t'enfouir, loin de la lumière, dans les coffres-forts des usuriers et les caves de la Banque et qui, du fond des cachettes où tu te tasses, transmets au papier vil et misérable ta force qu'il double et qu'il décuple ;

Or inerte, qui remues l'univers, devant ton éclatante majesté les siècles vivants s'agenouillent et t'adorent humblement;

Accorde ta grâce divine aux fidèles qui t'implorent et qui pour te posséder sacrifient l'honneur et la vertu, l'estime des hommes et l'amour de la femme de leur cœur et des enfants de leur chair, et qui bravent le mépris d'eux-mêmes.

*
* *

Or, maître souverain, toujours invincible, toi l'éternel victorieux, écoute nos prières;

Bâtisseur de villes et destructeur d'empires ;

Étoile polaire de la morale;

Toi, qui pèses les consciences ;

Toi, qui dictes la loi aux nations et qui courbes sous ton joug les papes et les empereurs, écoute nos prières ;

Toi, qui enseignes au savant à falsifier la science, qui persuades à la mère de vendre la virginité de son enfant et qui contrains l'homme libre à accepter l'esclavage de l'atelier, écoute nos prières;

Toi, qui achètes les arrêts du juge et les votes du député, écoute nos prières;

Toi, qui produit des fleurs et des fruits inconnus à la nature;

Qui sèmes les vices et les vertus;

Qui engendres les arts et le luxe, écoute nos prières;

Toi, qui prolonges les ans inutiles de l'oisif et qui abréges les jours du travailleur, écoute nos prières;

Toi, qui souris au capitaliste en son berceau et qui frappe le prolétaire dans le sein de sa mère, écoute nos prières.

∴

Or, voyageur infatigable, qui te plais aux fourberies et aux chicanes, exauce nos vœux;

Interprète de toutes les langues,

Entremetteur subtile,

Séducteur irrésistible,

Étalon des hommes et des choses, exauce nos vœux;

Messager de paix et fauteur de discordes;

Distributeur du loisir et du surtravail;

Auxiliaire de la vertu et de la corruption, exauce nos vœux ;

Dieu de la persuasion, qui fais entendre les sourds et délies la langue des muets, exauce nos vœux ;

Or maudit et invoqué par d'innombrables prières, vénéré des capitalistes et aimé des courtisanes, exauce nos vœux ;

Dispensateur des biens et des maux ;

Malheur et joie des hommes ;

Guérison des malades et baume des douleurs, exauce nos vœux ;

Toi qui ensorcelles le monde et pervertis la raison humaine ;

Toi qui embellis les laideurs et pares les disgrâces ;

Pacificateur universel, qui rends honorables la honte et le déshonneur et qui fais respectables le vol et la prostitution, exauce nos vœux ;

Toi qui combles la lâcheté des gloires dues au courage ;

Qui accordes à la laideur les hommages dus à la beauté ;

Qui fais don à la décrépitude des amours dus à la jeunesse ;

Magicien malfaisant, exauce nos vœux ;

Démon qui déchaîne le meurtre et souffle la folie, exauce nos vœux ;

Flambeau qui éclaire les routes de la vie;

Guide et protecteur et salut des capitalistes exauce nos vœux.

*
* *

Or, roi de gloire, soleil de Justice;

Or, force et joie de la vie. Or illustre, viens à nous;

Or, aimable au capitaliste et redoutable au producteur, viens à nous;

Miroir des jouissances;

Toi qui donne au fainéant les fruits du travail, viens à nous;

Toi qui emplis les celliers et les greniers de ceux qui ne bèchent, ni ne taillent les vignes; de ceux qui ne labourent, ni ne moissonnent, viens à nous;

Toi qui nourris de viande et de poisson ceux qui ne mènent paître les troupeaux, ni ne bravent les tempêtes de la mer, viens à nous;

Toi, la force et la science et l'intelligence du capitaliste, viens à nous;

Toi, la vertu et la gloire, la beauté et l'honneur du capitalise, viens à nous;

Oh! viens à nous, Or séduisant, espérance suprême, commencement et fin de toute action, de toute pensée, de tout sentiment capitaliste.

*Amen.*

## VI

### Lamentations de Job Rothschild, le Capitaliste.

Capital, mon Dieu et mon maître, pourquoi m'as-tu abandonné? Quelle faute ai-je donc commise pour que tu me précipites des hauteurs de la propriété et m'écrases du poids de la dure pauvreté?

N'ai-je pas vécu selon ta loi? — mes actions n'ont-elles pas été droites et légales!

Ai-je à me reprocher d'avoir jamais travaillé? N'ai-je pas pris toutes les jouissances que permettaient mes millions et mes sens? — N'ai-je pas tenu à la tâche nuit et jour, des hommes, des femmes et des enfants tant que leurs forces pouvaient aller et au-delà? Leur ai-je jamais donné mieux qu'un salaire de famine? Est-ce que jamais je me suis laissé toucher par la misère et le désespoir de mes ouvriers?

Capital, mon Dieu, j'ai falsifié les marchandises que je vendais, sans me préoccuper de savoir si j'empoisonnais les consommateurs; j'ai dépouillé de leurs capitaux les gogos qui se sont laissé prendre à mes prospectus.

Je n'ai vécu que pour jouir et pour me laisser enrichir; et tu as béni ma conduite irréprochable et ma vie louable en m'accordant femmes, enfants, chevaux et valets, les plaisirs du corps et les jouissances de la vanité.

Et voilà que j'ai tout perdu, tout, et je suis devenu un objet de rebut!

Mes concurrents se réjouissent de ma ruine et mes amis se détournent de moi; ils me refusent jusqu'aux conseils inutiles, jusqu'aux reproches; ils m'ignorent. Mes maîtresses m'éclaboussent avec les voitures achetées de mon argent.

La misère se referme sur moi et, comme les murs d'une prison, elle me sépare du reste des hommes. Je suis seul et tout est noir en moi et hors de moi.

Ma femme, qui n'a plus d'argent pour se farder et se déguiser le visage, m'apparaît dans toute sa laideur. Mon fils élevé pour ne rien faire, ne comprend même pas l'étendue de mon malheur, — l'idiot! — les yeux de ma fille coulent comme deux fontaines au souvenir des mariages manqués.

Mais que sont les malheurs des miens auprès de mon infortune? Là, où j'ai commandé en maître, on me chasse quand je viens m'offrir comme employé!

Tout est pour moi puanteur et ordure dans mon taudis; mon corps endolori par la dureté du lit et mordu par les punaises et les insectes immondes ne trouve plus de repos, mon esprit ne goûte plus le sommeil qui apporte l'oubli.

Oh! qu'ils sont heureux les misérables qui n'ont jamais connu que la pauvreté et la saleté. Ils ignorent ce qui est délicat, ce qui est bon; leur épiderme épaissi et leurs sens abêtis n'éprouvent aucun dégoût.

Pourquoi m'avoir fait savourer le bonheur pour ne m'en laisser que le souvenir, plus cuisant qu'une dette de jeu ?

Mieux eut valu, ô Seigneur, me faire naître dans la misère que me condamner à y croupir après m'avoir élevé dans la fortune.

Que puis-je faire pour gagner mon misérable pain.

Mes mains, qui n'ont porté que des bagues et qui n'ont manié que des billets de banque, ne peuvent tenir l'outil. Mon cerveau, qui ne s'est occupé qu'à fuir le travail, qu'à se reposer des fatigues de la richesse, qu'à échapper aux ennuis de l'oisiveté et qu'à surmonter les dégoûts de la satiété ne peut fournir la somme d'attention nécessaire pour copier des lettres et additionner des chiffres.

Mais, Seigneur, se peut-il que tu frappes si impitoyablement un homme qui n'a jamais désobéi à un de tes commandements?

Mais c'est mal, c'est injuste, c'est immoral que je

perde les biens que le travail des autres avait si péniblement amassé pour moi.

Les capitalistes, mes semblables, en voyant mon malheur sauront que ta grâce est capricieuse, que tu l'accordes sans raison et que tu la retires sans cause.

Qui voudra croire en toi?

Quel capitaliste sera assez téméraire, assez insensé pour accepter ta loi, pour s'amollir dans la fainéantise, les plaisirs et l'inutilité, si l'avenir est si incertain, si menaçant, si le vent le plus léger qui souffle à la Bourse renverse les fortunes les mieux assises, si rien n'est stable, si le riche du jour sera le ruiné du lendemain?

Les hommes te maudiront, Dieu-Capital, en contemplant mon abaissement; ils nieront ta puissance en calculant la hauteur de ma chute, ils repousseront tes faveurs.

Pour ta gloire, replace-moi en ma position perdue, relève-moi de mon abjection, car mon cœur se gonfle de fiel et des paroles de haine et des imprécations se pressent sur mes lèvres.

Dieu farouche, Dieu aveugle, Dieu stupide, prends garde que les riches n'ouvrent enfin les yeux et ne s'aperçoivent qu'ils marchent insouciants et inconcients sur les bords d'un précipice; trembles qu'ils ne t'y jettent pour le combler, qu'ils ne se joignent aux communistes pour te supprimer!

Mais quel blasphème ai-je proféré! Dieu puissant, pardonne-moi ces paroles imprudentes et impies.

Tu es le maître, qui distribue les biens sans qu'on les mérite et qui les reprend sans qu'on les démérite, tu agis selon ton bon plaisir, tu sais ce que tu fais.

Tu m'écrases pour mon bien, tu m'éprouves dans mon intérêt.

O Dieu doux et aimable, rends-moi tes faveurs : tu es la justice et, si tu me frappes, j'ai dû commettre quelque faute ignorée.

O Seigneur, si tu me redonnais la richesse, je fais vœu de suivre plus rigoureusement ta loi. — J'exploiterais mieux et davantage les salariés; je tromperais plus astucieusement les consommateurs et je volerais plus absolument les gogos.

Je te suis soumis, comme le chien au maître qui le bat, je suis ta chose, que ta volonté s'accomplisse.

*Pour copie conforme :*

PAUL LAFARGUE.

# TABLE DES MATIÈRES

## Le droit à la paresse



## La religion du capital.

8 Juillet 21

Bruxelles. — Imp. E. MAHEU, rue des Fabriques, 41.

www.ingramcontent.com/pod-product-compliance
Ingram Content Group UK Ltd.
Pitfield, Milton Keynes, MK11 3LW, UK
UKHW012229240726
13966UKWH00003B/1022

9 782013 597289